Paris
1825

Schiller, Frederich von

Choix de pièces fugitives

Drame en cinq actes, en vers, avec une préface

Tome

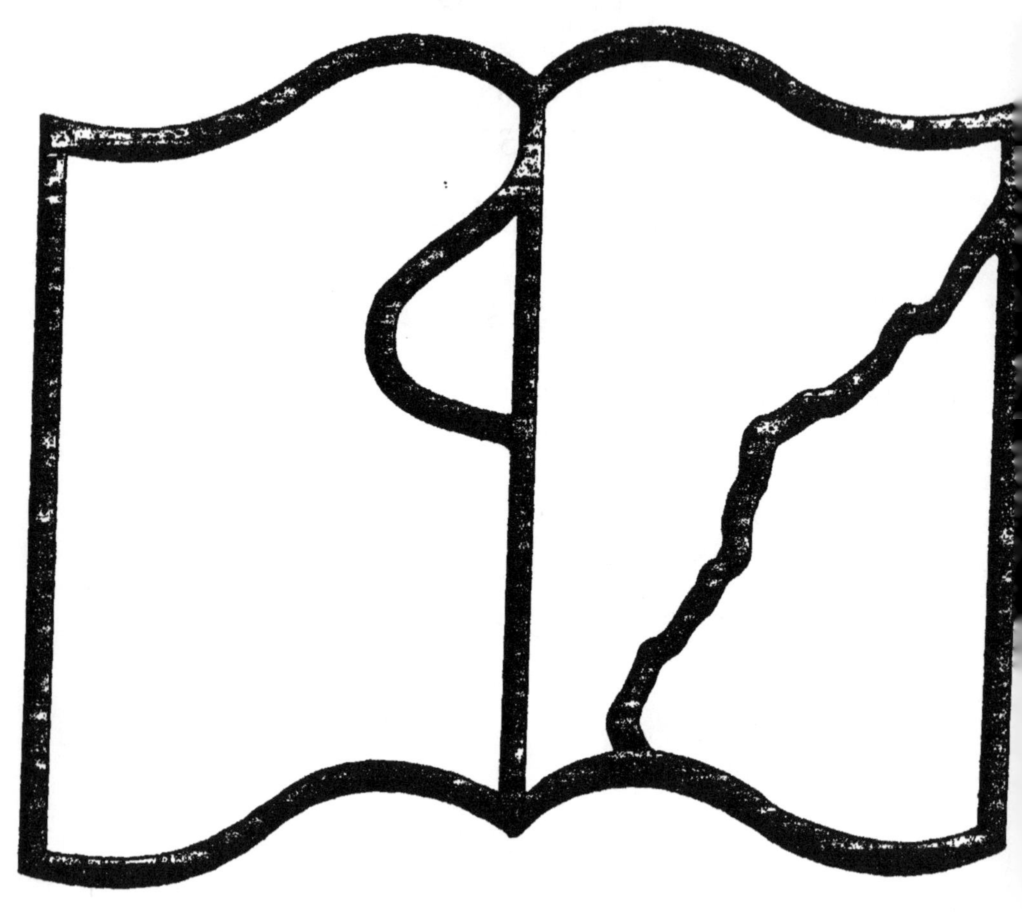

Symbole applicable
pour tout, ou partie
des documents microfilmés

Texte détérioré — reliure défectueuse

NF Z 43-120-11

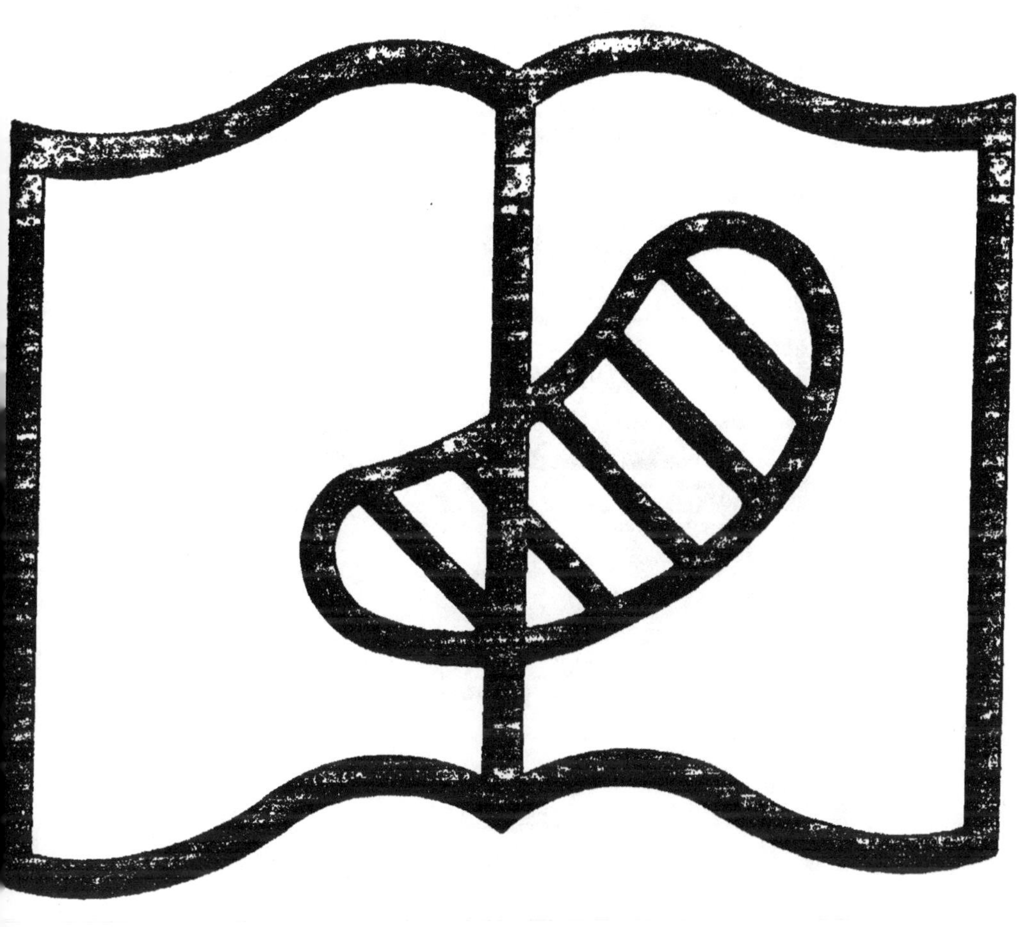

Symbole applicable
pour tout, ou partie
des documents microfilmés

Original illisible

NF Z 43-120-10

CHOIX DE PIÈCES FUGITIVES DE SCHILLER,

TRADUITES DE L'ALLEMAND

Par Madame Morel

PARIS

[illegible]

[illegible]

[illegible]

PIÈCES FUGITIVES

DE

SCHILLER.

LE NORMANT FILS, IMPRIMEUR DU ROI,
RUE DE SEINE, N° 8, F. S. G.

CHOIX
DE PIÈCES FUGITIVES
DE SCHILLER,

TRADUITES DE L'ALLEMAND

Par Madame Morel.

PARIS.
LE NORMANT PÈRE, LIBRAIRE,
RUE DE SEINE, N° 8, F. S. G.
1825.

AVERTISSEMENT

DU TRADUCTEUR.

En lisant la préface de la traduction en prose des poésies fugitives de Schiller, j'y trouve exprimé précisément ce que j'aurois eu à dire sur la justice que l'on commence à rendre en France à la littérature allemande en général, et à Schiller en particulier, et sur le charme et la difficulté de le traduire. Personne n'ignore que les traductions en vers offrent plus de chances que les autres de conserver quelques étincelles de ce feu poétique, qui disparoît trop aisément sous le travestissement d'une langue étrangère, qu'elles conservent également au traducteur les ressources de l'harmonie imitative, dont Schiller a fait trop souvent usage pour qu'on puisse y renoncer, quant à lui, sans le dénaturer; mais qu'en revanche les difficultés en sont incomparablement plus grandes. Si cela est vrai généralement parlant et pour toutes les langues connues, ceux qui lisent l'allemand savent combien la richesse et la flexibilité de cette langue augmentent l'embarras du traducteur, qui voudroit à la fois se contenter soi-même, plaire au public français, et ne pas mécontenter les Allemands, en sacrifiant ou négligeant quelqu'une des beautés d'un auteur auquel ils rendent une sorte de culte. Ce dernier inconvénient est peut-être le seul que j'aie pu éviter jusqu'à un certain point, en suivant scrupuleusement les avis qu'a bien voulu me donner un professeur allemand, poëte lui-même, et admirateur passionné de Schiller. Que n'ai-je une garantie semblable auprès des lecteurs français! Mais la seule chose qui ait pu m'encourager, quant à eux, c'est le succès qu'a obtenu la traduction par M. Chénier d'une petite pièce de Klopstock, ***Herrmann et Thusnelda.***

La traduction de Schiller en prose par M. C. J. quoique je ne l'aie connue qu'à la fin de mon travail, m'a été souvent d'une grande utilité, en me fournissant des mots et des tournures que l'original ne me présentoit pas, ou me présentoit en vain ; car la vuè se trouble quand on la tient trop long-temps fixée sur le même sujet.

Je n'ai traduit qu'un petit nombre de pièces contenues dans l'ouvrage du traducteur en prose, qui lui-même n'a pas tout traduit. Il m'a fallu m'attacher à celles qui, comme les ballades, m'ont paru plus rapprochées du génie de notre langue. Lorsque de longues réflexions et plusieurs essais inutiles ont dû me convaincre qu'il étoit impossible d'éviter toute espèce de sacrifice, il ne me restoit plus qu'à les choisir et les graduer. J'aurois, au besoin, quoiqu'il ne me souvienne pas de l'avoir fait, sacrifié l'exactitude grammaticale à la clarté; j'aurois sacrifié la qualité de versificateur correct plutôt que de laisser dans l'ombre quelques pensées dignes d'être recueillies, quelque belle image, quelque comparaison noble et poétique. Je m'arrête; il ne faut ni prévenir, ni solliciter ses juges, lors même que l'on auroit quelque espoir de le faire avec succès.

HÉRO ET LÉANDRE.

Voyez-vous ces châteaux antiques
Qui se regardent fièrement,
Dorés par les reflets magiques
Des rayons du soleil couchant?
Entendez-vous des Dardanelles
Rouler les vagues éternelles ?
L'abîme de ce sombre bord,
Séparant l'Europe et l'Asie,
N'a pu séparer dans la vie
Deux cœurs unis jusqu'à la mort.

Héro, d'Hébé brillante image,
Léandre, valeureux chasseur,
Ardens comme on l'est au jeune âge,
Furent frappés du trait vainqueur,
Funeste autant qu'irrésistible.
De ce couple aimable et sensible,
La discorde au cœur ulcéré
Séparoit l'un et l'autre père;
Et de l'amour le doux salaire,
S'offroit de dangers entouré.

Sur un roc où la mer se brise,
S'élèvent les tours de Sestos.
Là, seule, tristement assise,
Héro contemploit Abydos:
De son ami c'est la demeure :
Ses vœux l'appellent à toute heure.
Mais vers ce rivage lointain,
Nul pont hardi qui pût conduire;
Il n'en sortoit aucun navire.
L'amour pourtant s'ouvre un chemin.

Il donne au fort prudente crainte :
Du foible il enhardit le cœur;
Par lui Thésée au labyrinthe
Est muni du fil conducteur.

Des forêts les hôtes farouches,
Les taureaux aux brûlantes bouches,
Les noires eaux de l'Achéron,
Le Styx lui-même ne l'arrête,
S'il va tirer ce qu'il regrette
Du sombre manoir de Pluton.

Léandre, nageur intrépide,
Se sent inspiré par l'amour;
Un feu pour lui servir de guide
S'allume sur la haute tour
De la rive à son cœur si chère.
Dès que l'ombre a couvert la terre,
Il s'élance au sombre canal:
D'un bras vigoureux il fend l'onde,
Et ses yeux dans la nuit profonde
Sont attachés sur le fanal.

Oh! que l'amour le dédommage
D'un long et périlleux effort!
Qu'il sait bien payer son courage,
Et qu'il lui fait bénir son sort!
Oh! que les deux amans encore
Voudroient tarder! Mais quand l'aurore
De ses feux fait briller les flots,
Léandre, sans que rien l'arrête,

Des bras du tendre amour se jette
Au sein glacé des noires eaux.

Trente fois, en dissipant l'ombre,
Le soleil trompa leurs désirs;
Trente fois, sous son voile sombre,
La nuit vint cacher leurs plaisirs :
Plaisirs que la contrainte anime,
Cueillis sur le bord de l'abîme,
Rendus plus vifs par la terreur.
Quiconque en un riant asile,
Aime et jouit toujours tranquille,
N'a point connu le vrai bonheur.

Les jours fuyoient. Hesper, l'aurore
Dans les eaux brilloient tour à tour ;
Et les amans pensoient qu'encore
Pour eux se suivroient nuits d'amour.
Bien loin de songer aux tempêtes
Dont l'hiver menaçoit leurs têtes,
En voyant les feuilles jaunir,
Dans l'ivresse où leur cœur se noie,
Tous deux ne sentent qu'avec joie
Le cercle des jours s'accourcir.

Mais déjà régnoit la balance *.

* C'est la constellation.

En longueur à la nuit pareil,
Le jour rapidement s'avance
Dans le char brillant du soleil.
Sur le roc attendant Léandre,
Héro voit les coursiers descendre.
Son cœur bat de joie et d'espoir.
La nature est en paix profonde,
Toute la surface de l'onde
Présente un pur et clair miroir.

Des dauphins la troupe joyeuse
Bondissoit au-dessus des eaux;
Une autre troupe plus nombreuse
De noirs sillons fendoit les flots.
C'est de Thétis la grande armée,
D'animaux divers parsemée.
Seuls témoins vivans, mais muets,
D'une clandestine tendresse,
La triple Hécate enchanteresse
A fermé leur bouche à jamais;

Quel doux aspect pour une amante!
Tout lui sourit dans l'univers.
D'une voix flatteuse et charmante,
Héro s'adresse au dieu des mers:
Pourrois-tu tromper la tendresse
De ma confiante jeunesse?

Qui le diroit seroit menteur.
Mon père est cruel, inflexible ;
Mais toi, tu t'es montré sensible
Aux souffrances d'un tendre cœur.

Ici, dans ces tours solitaires,
Il faudroit vivre sans aimer,
Et parmi les ennuis austères,
Voir mes beaux jours se consumer :
Mais c'est toi, protecteur fidèle,
C'est toi qui, sans pont, sans nacelle,
M'amènes l'objet de mes vœux ;
Et tes profondeurs redoutables,
Et tes flots souvent indomptables,
Tout cède à l'amour courageux.

Ce dieu, le vainqueur de la terre,
De sa chaîne a su te lier,
Hellé, fuyant avec son frère,
Osa monter sur le bélier.
Le bélier s'élança dans l'onde ;
Tu vis de ta grotte profonde
La beauté que portoient les flots ;
Tu la vis, tu devins sensible ;
Soudain ton bras irrésistible
La ravit au fond de tes eaux.

Dès ce jour, heureuse immortelle,
Hellé régnant à tes côtés,
Favorable à l'amour fidèle,
Plaint les amans persécutés,
Et tu permets à sa tendresse
D'adoucir ta vive rudesse.
Hellé, daigne écouter ma voix :
Belle Hellé, c'est toi que j'implore,
Que mon amant parvienne encore
Au but qu'il gagna tant de fois.

Héro voit les ombres descendre,
Et court allumer le fanal
Dont les feux à son cher Léandre
Servent de guide et de signal.
Mais quoi! déjà sur le rivage
On entend d'un lointain orage
Ces bruits, sinistres précurseurs.
La mer frémit, et les étoiles
Se cachent sous de sombres voiles;
L'air est tout chargé de vapeurs.

Bientôt dans la nuit ténébreuse
Brillent d'éblouissans éclairs;
Bientôt une pluie orageuse
Tombe en torrens du haut des airs.

Les vents déchainés, les tempêtes
Sortant de leurs grottes secrètes,
Bouleversent les élémens,
Et, pour engloutir ses victimes,
La mer entr'ouvre des abîmes
Comme gueules d'enfer béans.

Malheur, dit Héro consternée;
Malheur à moi! Grand Jupiter,
Prends pitié d'une infortunée,
Calme la fureur de la mer.
En mes voeux qu'ai-je osé prétendre?
Hélas! le départ de Léandre,
Et je vois fuir l'oiseau marin;
Et déjà tout pilote sage,
Prévoyant un prochain naufrage,
Vers le port se fraie un chemin.

Je le sais; son cœur intrépide
Aura bravé l'affreux danger.
Des sermens où l'amour préside
La seule mort peut dégager.
Il voudra me tenir parole,
Et contre la fureur d'Eole
Sans doute, hélas! en cet instant
Il lutte, et l'horrible tempête

De vagues recouvrant sa tête,
Vers l'abîme va l'entraînant.

O mer! ta surface limpide
Ne nous cachoit que trahison.
Séduit par ton calme perfide,
Il s'élance avec abandon;
Mais vers le rivage paisible
Quand le retour n'est plus possible,
Tu lâches sur lui tes terreurs:
Et son espérance trahie
Du dernier moment de la vie
Redouble pour lui les horreurs.

Mais quoi! la tempête s'augmente;
Les vagues montent jusqu'aux cieux.
Sur les rocs la mer écumante
Rejette ses flots furieux.
Là, malgré leurs côtes de chêne,
Contre les écueils de l'arène
Se brisent les plus forts vaisseaux.
Ici le fanal salutaire
S'éteint. La terreur sur la terre
Domine comme sur les eaux.

Héro pour lors à Vénus crie,
Et la conjure à deux genoux

De régler la mer en furie,
D'apaiser des flots le courroux.
Elle promet au noir Borée
Un bœuf à la corne dorée :
Ses vœux parcourent l'univers.
Elle invoque; dans son délire,
Tous les dieux du céleste empire,
Ceux de la terre et des enfers.

Daigne sortir, ô Leucothée,
De ton empire verdoyant,
Toi qui tant de fois es montée
Au vaste désert ondoyant
Pour sauver d'un certain naufrage
Le marin surpris par l'orage;
Tends à mon amant ce tissu,
Ce voile, ouvrage du mystère,
Qui des eaux ramène à la terre
Ceux qui de ta main l'ont reçu.

Voilà qu'enfin les vents se taisent;
Voilà que le ciel s'éclaircit,
Et la mer dont les flots s'apaisent
Paisiblement rentre en son lit.
Dans l'air, dans les eaux tout s'apprête,
Après la cruelle tempête,

A se réjouir d'un beau jour;
Jouant sur la plage sereine,
La vague doucement amène
Un cadavre au pied de la tour.

C'est lui qui, porté par la brise,
Sembloit vouloir garder encor
Tout mort qu'il est, la foi promise.
Héro l'a reconnu d'abord;
Héro n'a ni plaintes ni larmes,
Et, dans ses muettes alarmes,
Ses regards vont chercher les cieux.
Tout à coup un penser rapide
Faisant fuir sa pâleur timide,
Elle apostrophe ainsi les dieux :

C'est vous, puissances inflexibles :
Vous exercez vos droits cruels.
Je reconnois vos coups terribles,
Et déjà parmi les mortels,
C'est fait, ma carrière est fermée.
Pourtant j'aimai, je fus aimée,
Je fus heureuse, au moins un jour.
Soit dans la mort, soit dans la vie,
Je t'aurai constamment servie,
O Vénus, ô Reine d'amour!

Héro dit, et soudain s'élance.
Un court instant flottant dans l'air
Son blanc vêtement se balance,
Puis disparoît comme un éclair.
L'eau s'entr'ouvre et laisse descendre
Son corps et celui de Léandre.
Sur ces modèles des amans
Le dieu qui seul leur sert de tombe
Depuis ce jour s'élève et tombe
En flots sans cesse renaissans.

LE PLONGEUR.

Qui parmi vous, soit chevalier, soit page,
Ma coupe d'or bien voudroit conquérir?
En ce noir gouffre au-delà du rivage,
Mon bras la jette, elle va s'engloutir.
Si quelque preux descend et la rapporte,
Elle est à lui, je consens qu'il l'emporte.

Ainsi du haut d'une roche élancée
Qui dominoit l'immensité des mers,
Le roi parloit, et la coupe lancée
Tombe en Carybde, en ses gouffres ouverts;
Puis il redit : Nul guerrier magnanime
N'ose-t-il donc se plonger dans l'abîme?

Autour de lui les chevaliers et pages,
Tous consternés, sont demeurés sans voix,
Fixant la mer et les rochers sauvages,
N'osant entendre à de si dures lois.
Le roi, malgré cette humble résistance,
Jusqu'à trois fois son appel recommence.

Lors de la troupe effarée et muette
Sort un jeune homme au maintien fier et doux ;
Son manteau tombe, et son écharpe il jette.
Son noble aspect est admiré de tous.
Dames, seigneurs, la foule du rivage,
Tous ont les yeux fixés sur le beau page.

Lui, s'avançant sur la roche pendante,
Le sombre abîme il contemple de là ;
C'est le moment où Carybde écumante
En mugissant rend l'eau qu'elle avala.
Des profondeurs de cet affreux repaire
L'eau rejaillit avec bruit de tonnerre.

Comme on entend craquer, bouillonner, bruire!
Semble-t-il pas que le feu prend aux eaux?
Jusques aux cieux l'onde fumante aspire,
Et sur les flots se pressent d'autres flots.
Semble-t-il pas, ô mer inépuisable,
Que tu voudrois enfanter ta semblable!

Faut bien qu'enfin ce fracas s'adoucisse.
En se fendant l'écume laisse voir
Les noirs lambris de l'affreux précipice,
Qui de l'enfer semble être le couloir.
Par le reflux les vagues amenées
Dans le tournant descendent entraînées.

De réussir voyant l'unique chance,
Voulant du flux prévenir le retour,
En priant Dieu, le jeune homme s'élance;
Un cri d'effroi retentit à l'entour.
Sur le nageur, courageuse victime,
Tu t'es fermé, mystérieux abîme!

Du gouffre enfin la surface est tranquille;
Mais un bruit sourd s'entend au fond des eaux,
Et mille voix répètent à la file:
Pour toujours donc adieu, jeune héros!
De plus en plus le bruit est sourd; l'attente
A chaque instant devient plus déchirante.

Quand tu devrois y jeter ta couronne,
Et la céder à qui l'iroit quérir,
Roi, ne crois pas que ni sceptre ni trône
A pareil prix l'on voulût conquérir.
Aucun vivant vint-il jamais redire
Les profondeurs de ce lugubre empire?

Combien de fois, dans ces gouffres énormes,
N'a-t-on pas vu navires enfoncés
N'en ressortir que par débris difformes,
Et quille et mâts par morceaux fracassés.
Voilà qu'un bruit semblable à la tempête
De plus en plus s'approche et se répète.

« Comme on entend craquer, bouillonner, bruire!
» Semble-t-il pas que le feu prend aux eaux?
» Jusques aux cieux l'onde fumante aspire,
» Et sur les flots se pressent d'autres flots.
» Des profondeurs de cet affreux repaire
» L'eau rejaillit avec bruit de tonnerre. »

Mais quoi! Grand Dieu! sur la vague noirâtre,
Quel corps paroît éclatant de blancheur!
On voit briller un bras, un cou d'albâtre,
C'est lui, c'est lui qui nage avec vigueur.
Dans sa main gauche, au-dessus de sa tête,
Portant la coupe, admirable conquête.

Comme il reprend profondément haleine
En saluant la lumière des cieux!
« C'est lui, c'est lui que la mer nous ramène, »
De tous côtés dit-on d'un air joyeux!
Du noir tombeau de Carybde en furie
Le brave a su sauver sa noble vie.

Il vient, suivi de la foule bruyante,
Présente au roi la coupe à deux genoux;
Le roi fait signe à sa fille charmante,
Et dans la coupe un vin brillant et doux
Est jusqu'aux bords versé par la princesse,
Puis en ces mots le page au roi s'adresse :

« Vive le roi bienheureux qui respire
A la faveur de la clarté des cieux!
Qu'il est affreux le souterrain empire
Que nul ne veuille, osant tenter les dieux,
Voir les objets que leur main généreuse
A recouverts d'une horreur ténébreuse.

D'un mouvement l'éclair seroit moins vite;
Je suis saisi, j'allois au fond de l'eau;
Du creux d'un roc sur moi se précipite
Un courant vif, un tourbillon nouveau,
Et moi, jouet d'une double puissance,
Je périssois sans soutien ni défense.

Mais Dieu, vers qui dans ce péril je crie,
Vient m'arracher à l'horreur de mon sort.
D'un rocher noir j'aperçois la saillie,
Et je l'embrasse, et j'échappe à la mort.
A des coraux la coupe étoit pendue,
Tombant plus bas, elle se fût perdue;

Car de la roche entre mes mains serrée,
J'apercevois les abîmes des eaux,
A la lueur circulaire et pourprée
Dont le soleil teint la masse des flots.
Tout s'agitoit dans ces muets asiles,
Tout fourmilloit de dragons, de reptiles.

J'ai vu, roulés en pelottes hideuses,
La salamandre et cent serpens divers,
Et la torpille et la raie épineuses,
L'affreux requin, la hyène des mers
Tournant vers moi sa gueule formidable,
Et le marteau d'aspect épouvantable.

Dieu! quel effroi! Dieu! quel moment terrible!
Lorsque parmi tant d'êtres si divers,
Je me trouvai, moi seul être sensible,
Abandonné dans ces affreux déserts,
Hors de portée, hélas! des voix humaines,
Qu'on n'entend point dans ces profonds domaines.

Dans cet état, frémissant d'épouvante,
J'entends grimper, et je sens approcher
Un monstre ouvrant une gueule béante.
Dans ma terreur je glisse du rocher;
Pour mon salut, aussitôt la marée
Me fait monter, ma vie est assurée. »

Bien étonné, le roi prête l'oreille :
Elle est à toi, dit-il, la coupe d'or.
De cette bague, en beauté sans pareille,
Je veux te faire un don plus riche encor,
Si retournant, tu reviens pour me dire
Ce qui se passe en ce profond empire.

Mais la princesse alors en suppliante :
« Mon père, hélas ! pourquoi tenter encor
Ce jeu cruel ? ou s'il faut qu'on le tente,
N'a-t-il point fait un assez noble effort ?
Aux chevaliers ordonnez donc, de grâce,
De témoigner s'ils ont autant d'audace. »

Le roi saisit la coupe et la rejette.
« Va, de ce jour je t'arme chevalier,
Si retournant, tu reprends ta conquête.
Ce jour aussi je te veux marier,
Te voir l'époux de celle qui me prie
Si tendrement de ménager ta vie. »

A ce discours, cette haute promesse,
Un feu céleste a brillé dans ses yeux ;
Il voit rougir, puis pâlir la princesse ;
Il veut atteindre à ce prix glorieux,
Et de l'abîme affrontant la furie,
Se précipite à la mort, à la vie.

Bientôt le flux, avec bruit du tonnerre,
S'est annoncé, va monter de nouveau.
L'amour attend, il tremble, hésite, espère,
Et ses regards sont attachés sur l'eau.
L'eau fuit, revient, s'étend sur le rivage
Sans ramener le trop malheureux page.

LE
CHEVALIER DE TOGGENBOURG.

Chevalier, d'amour de frère
Faut vous contenter ;
D'autre amour il faut se taire,
Ne puis l'écouter.
D'un œil sec, d'un cœur tranquille
Vous verrai partir,
La tristesse est inutile,
N'y puis compatir,

A son amie adorée
Il ne répond mot ;
L'embrasse, l'âme navrée,
Puis part au galop.
Fait par toute l'Helvétie
Chercher ses soldats ;
Puis sous la croix les rallie
Pour lointains combats.

Là, par brillante victoire,
  Signalant son bras,
Toggenbourg a vu la gloire
  Marquer tous ses pas.
Mais la terreur qu'il inspire
  A tout Sarrasin,
N'empêche qu'il ne soupire
  Dans son noir chagrin.

Au bout d'une longue année
  N'y peut plus tenir ;
La campagne est terminée,
  Il veut revenir.
Il s'embarque au port de Joppe,
  Plein d'un doux espoir ;
Bientôt il revoit l'Europe
  Et son cher manoir.

A la porte de sa belle,
  Joyeux, sans souci,
Il court, mais quelle nouvelle
  L'attendoit ici !
« Celle qui vous fut si chère,
  » Délaissant ce lieu,
» Devint hier au monastère
  » L'épouse de Dieu. »

Toggenbourg, dans la journée,
A fui son château,
Son armure tant prônée,
Son coursier si beau.
Voyez sa noble stature,
Ses belliqueux traits,
Sous le cilice et la bure
Cachés pour jamais.

Il se fait un ermitage
Aux lieux d'où paroît
Le couvent dessous l'ombrage
D'antique forêt.
Et là, devant l'humble entrée,
Seul il vient s'asseoir,
L'âme toute concentrée,
Dans un seul espoir

Dans ses yeux est tout son être,
Depuis le matin
Jusqu'au soir que la fenêtre
Crie et s'ouvre enfin;
Et que la belle adorée
Lui montre en ses traits
La beauté pure, éthérée
D'un ange de paix;

Puis sous sa modeste tente,
  Joyeux il s'étend,
Et se complait dans l'attente
  Du matin suivant.
Les jours et les ans il passe
  Sans pleurs ni chagrin,
Fixant le guichet jusqu'à ce
  Qu'il s'entr'ouvre enfin ;

« Et que la belle adorée
  » Lui montre en ses traits
» La beauté pure, éthérée
  » D'un ange de paix. »
Un jour la brillante aurore
  Le trouve expirant,
Mais vers la fenêtre encore
  Son regard tournant.

LA DIGNITÉ DES FEMMES.

Honneur à vous! sous les voiles modestes
Dont la grâce pudique a formé les contours,
C'est vous qui conservez en vestales célestes
La flamme du génie et des chastes amours.
L'homme, par un fougueux caprice,
Souvent loin du but emporté,
Blesse les lois de la justice,
Et méconnoît la vérité.
Sa force l'abuse et l'entraîne:
Ardent à chercher le vrai bien,
De monde en monde il se promène,
S'agite et ne peut trouver rien.
D'un doux regard, d'une main secourable,
O femmes! c'est à vous de dissiper l'erreur,
De ramener au vrai, *le vrai seul est aimable*,
Le triste misanthrope et l'inquiet rêveur.
Altier souverain de la terre,
L'homme y domine en destructeur.
Rien dans la plus longue carrière
Ne fixe ses vœux et son cœur;

Ce qu'il bâtit, il le renverse;
A peine il formoit un dessein,
Qu'un autre vient à la traverse,
Et le détruit le lendemain.
De soins constans les femmes animées
Jouissent du présent en bornant leurs désirs;
Et dans un cercle étroit sagement renfermées,
S'adonnent aux devoirs qui font leurs seuls plaisirs.
L'homme se concentre en sa force :
Il repousse et traite d'erreurs
De la pitié la douce amorce,
Et le tendre abandon des cœurs.
Ignorant l'union des âmes,
Et le bonheur de s'attendrir,
Les coups du sort et les alarmes
Servent encore à l'endurcir.
Femmes, ainsi que la harpe d'Eole
S'ébranle et retentit au souffle du zéphir,
Votre cœur s'attendrit, et s'empresse, et console
La foible humanité, dès qu'il l'entend gémir.
L'homme, par la lance et l'épée,
Veut triompher même du sort,
Et de sa puissance usurpée
Le droit, c'est celui du plus fort.
Comment compter les injustices
Qui semblent naître sous ses pas?

Que de hauteurs et de caprices,
Que de tourmens et de combats !
Femmes, c'est vous dont la douce influence
Tempère et réunit tant d'élémens divers,
Entretenant la paix, soutenant la balance,
Et l'harmonie encor règne dans l'univers !

L'ATTENTE.

N'entends-je point ouvrir de porte ?
Le verrou n'a-t-il point crié?
Non, non, c'est le vent qui s'emporte,
Et les hauts arbres ont plié.

Heureux bosquets, que sa douce présence
Va consacrer par mille attraits nouveaux,
Pour entourer la beauté qui s'avance,
Arrondissez vos branches en berceaux.
De ces berceaux que l'ombre la protège,
Qu'un œil hardi ne les puisse percer,
Sur ce gazon qu'amour choisit pour siége,
Tendres zéphirs, venez la caresser.

Qui donc le long de la haie
S'est glissé rapidement?
Ce n'est qu'un oiseau qu'effraie
Le bruit de quelque passant.

Eteins, ô jour, tes clartés indiscrètes ;
Descends, ô nuit, avec moins de lenteur.
Viens, c'est à toi de voiler les retraites
Où l'amour veille attendant le bonheur.
L'amour ne veut que mystère et silence,
Les importuns troublent jusqu'à l'espoir.
Il les fuit tous ; il n'a de confiance
Qu'au doux regard de l'étoile du soir.

Mais quoi ! là-bas dans la plaine,
Quelles voix ont chuchoté ?
Non, le cygne se promène
Sur le canal argenté.

Aux derniers feux que le soleil nous lance,
Tout s'embellit ; la fleur s'ouvre au zéphir,
Demi-cachés, pourtant en abondance
Pêches, raisins m'invitent à cueillir.
La voix des eaux devient plus éclatante ;
D'ardent espoir mon visage enflammé
Aime à sentir la fraîcheur caressante
D'un air léger, de parfums embaumé.

Ah ! sur la feuille légère
On a marché cette fois.

Non. Le fruit mûr tombe à terre,
Cédant à son propre poids.

Partout enfin s'étend le crépuscule.
Fleur qui se ferme aux feux ardens du jour,
Va doucement entr'ouvrir sa cellule.
L'astre des nuits vient régner à son tour.
Je ne vois plus qu'une masse immobile,
Qu'un seul contour que l'ombre a projeté,
C'est le silence et son attrait tranquille,
C'est de la nuit la sombre majesté.

Qu'ai-je aperçu de blanchâtre ?
Le satin d'un vêtement ?
Ce sont colonnes d'albâtre
Près d'un massif verdoyant.

Toujours déçu dans un espoir avide,
Pour la serrer sur ce cœur amoureux
Mes bras s'ouvroient; ils retombent à vide,
Je me vois seul et deux fois malheureux :
Je cherche un bien qui fuit et se dérobe.
Que mon tourment s'adouciroit, hélas !
Si je pouvois voir le bord de sa robe,
Ou seulement la trace de ses pas !

Mais quel charme se déploie,
Et des cieux descend sur moi?
L'heure a sonné pour la joie.
L'ange a paru. Je la voi.

LE GANT.

Un empereur, il avoit nom François,
Etoit assis au balcon de l'arène
Où des lions, des ours la troupe se démène,
Combat et se met aux abois
Pour divertir l'espèce humaine.
Jeunes beautés et chevaliers courtois
Autour de lui rangés formoient noble guirlande.
L'empereur de la main commande.
Une loge s'ouvre à l'instant :
Le roi des forêts gravement
S'avance. Autour de lui ses regards il promène
Lentement, bâillant,
Et sa crinière secouant,
Etend les pieds et s'abat dans l'arène.
Bientôt l'empereur,
Par un nouveau signe,
Une autre porte désigne ;
Un tigre en sort tout plein d'ardeur.
D'abord il s'étonne
De voir sa majesté lionne.

Il rugit tout haut,
Courbe sa queue en cerceau formidable.
Sa langue sort de son gosier ardent,
Autour d'un rival redoutable
Il tourne non sans crainte, et puis en gromelant
A ses côtés s'étend.
Un signe fait encor deux léopards paroître
Qu'une double loge vomit.
Ce couple de fureur frémit.
Le lion se relève, et, rugissant en maître,
Aussitôt la paix fait renaître,
Et tous les animaux, de carnage altérés,
Se sont, en se couchant, paisiblement serrés.
Et voilà qu'une main charmante
Du milieu du balcon laisse tomber un gant.
La belle Cunégonde adresse à son amant
Ces mots d'une voix insultante :
« Chevalier, si vous m'adorez,
Comme à toute heure le jurez,
Ce gant vous me rapporterez. »
Le chevalier, d'un pas rapide,
Et d'un air intrépide,
Descend dans le cirque à l'instant.
Là, d'une main hardie il ramasse le gant
Au milieu du cercle féroce,
Remonte lentement de ce repaire atroce.

La terreur et l'étonnement
Se montroient sur chaque visage.
On applaudit; et d'un air caressant,
D'un air qui du bonheur semble être le présage,
La belle Cunégonde accueille son amant;
Mais lui : « Voilà le gant; quant à la récompense,
Belle dame, on vous en dispense.
Adieu, gardez mon souvenir. »
Il dit, et part pour ne plus revenir.

LES GRUES D'IBYCUS.

Qui marche ainsi seul et sans crainte ?
C'est Ibycus, l'ami des dieux.
Il va dans l'isthme de Corinthe
Chercher les combats et les jeux.
Apollon se plut à l'instruire
Dans l'art des vers et du doux chant,
Et tout plein du dieu de la lyre,
De Rhège il est parti gaîment.

Au loin déjà s'étoit montrée
La citadelle au noble aspect.
Entrant dans la forêt sacrée,
Il se sent saisi de respect.
Là, dans des routes inconnues,
Il ne voit rien que des oiseaux,
Qu'un nombreux bataillon de grues,
Qui vient chercher les pays chauds.

Salut, dit-il, oiseaux que j'aime ;
Soyez pour moi d'augure heureux.

Notre sort me paroît le même,
De loin nous venons dans ces lieux.
Nous avons passé l'onde amère;
Nous cherchons, pour nous protéger,
Un toit dont l'abri salutaire
Soit le rempart de l'étranger.

Il dit, puis à grands pas s'avance :
Mais voilà qu'un couple assassin
Dans un passage étroit s'élance,
Et vient lui barrer le chemin.
A tel combat comment suffire ?
Sa main promptement a cédé.
Habile à manier la lyre,
Jamais arc elle n'a bandé.

Les dieux, les hommes il appelle,
Mais tout est sourd à son danger.
Nul être vivant ne s'éveille.
« Hélas! sur ce sol étranger
» Faut-il, victime déchirée
» Par la main d'un vil malfaiteur,
» Mourir, où ma mort ignorée
» Ne trouvera point de vengeur ? »

Frappé de mortelles atteintes,
Il ne voit plus, mais il entend

Que poussant de lugubres plaintes,
Un vol d'oiseaux s'en va passant.
C'est vous, dit-il, fidèles grues,
C'est vous que je prends à témoin
Des horreurs que vous avez vues,
Vous irez les redire au loin.

Il est mort : des mains charitables
Emportent son corps par pitié ;
Ses traits bien que méconnoissables,
Sont reconnus par l'amitié.
Son hôte à Corinthe s'écrie :
Quoi, te vois-je ainsi ramener,
Tête glorieuse et chérie,
Toi que j'espérois couronner!

Il règne une douleur commune
Parmi tout ce peuple éperdu :
Oubliant la fête et Neptune,
Chacun pleure un ami perdu.
Et se pressant au Prytanée,
Vengeant sa fureur dans le sein,
A grands cris la foule indignée
Demande à frapper l'assassin.

Mais comment démêler la trace
De ce malfaiteur odieux,

Parmi les gens de toute race
Qu'attire la pompe des jeux?
Seroient-ce des brigands vulgaires?
Seroit-ce un ennemi secret?
Seul éclairant tous les mystères,
Hélios le découvriroit.

Peut-être il marche avec audace
Au milieu des Grecs éplorés :
Quand la vengeance est sur sa trace,
Ses traits sont encore ignorés.
Jusques sur le seuil de leur temple,
Peut-être il vient braver les dieux,
Parmi la foule qui s'assemble,
Foule énorme de curieux.

Sur un amphithéâtre immense,
Que de gens montent à la fois?
De forts piliers en abondance
A peine en supportent le poids.
Dans ce cirque à perte de vue,
Pareille aux vagues de la mer,
La multitude avec la nue
Va se confondre au sein de l'air.

Combien sont arrivés d'Aulide!
Et combien l'on en compte ici

D'Athènes, Sparte et la Phocide!
Des îles il en est aussi.
Il en est des côtes d'Asie...
Mais le spectacle a commencé
Par la sinistre mélodie
D'un chœur sur la scène avancé.

Ce chœur, selon l'usage antique,
Sur le théâtre gravement
Se présente, et d'un pas tragique
Il en fait le tour lentement.
Quels objets! quelle créature
A pu les porter dans ses flancs ?
Ce ne sont femmes ; leur stature
S'élève à celle des géants.

Un grand manteau noir comme l'ombre
Se déploie autour de leurs reins ;
Un flambeau d'un feu rouge et sombre
S'agite en leurs livides mains :
Leur tête pâle et décharnée,
Au lieu de cheveux ondoyans
Dont la tête humaine est ornée,
Porte de venimeux serpens.

Formant un cercle épouvantable,
Elles ont entonné leur chant,

Ce chant dont le son lamentable
Jusqu'à la moelle va perçant.
Glaçant les coupables timides,
Il suffit pour les accabler ;
La lyre au chant des Euménides
Jamais ses sons n'osa mêler.

Heureux celui dont l'âme pure
S'est conservée, ont-elles dit,
Sans fraude, crime, ni souillure,
Son abord nous est interdit.
Mais malheur à qui par la fuite
Du meurtre a cru goûter le fruit.
Nous nous attachons à sa suite,
Nous, les fiers enfans de la nuit.

Pour arrêter les sacriléges
Sur leurs pas, nous nous élançons,
Et nous leur tendons de tels piéges,
Qu'à nos pieds nous les renversons.
Jamais le crime ne respire,
Point de recours au repentir,
Et jusque dans le sombre empire,
De nous rien ne peut garantir.

Ces chants qu'accompagne la danse,
Font régner au cirque des jeux

Un profond, un mortel silence;
On sent la présence des dieux.
Ce chœur, selon l'usage antique,
Sur le théâtre gravement
S'est promené d'un pas tragique,
Puis se perd dans l'enfoncement.

Toute la foule suspendue
Entre l'erreur et la raison,
Un moment croit voir confondue
Avec le vrai l'illusion.
Mais on reconnoît, on révère
Ce pouvoir terrible et secret
Qui, travaillant dans le mystère,
Aux rayons du jour disparoît.

Tout à coup du haut d'une estrade
On entend prononcer ces mots :
Regarde donc là, Dibutade,
D'Ibycus voilà les oiseaux.
Il semble à l'instant que des nues
Ont caché la clarté des cieux.
On regarde, ce sont des grues
Volant en bataillon nombreux.

Ibycus! Quoi! de bouche en bouche
Un nom si cher est répété!

Chacun de ceux que ce nom touche
Demande avec avidité :
Ibycus, l'objet de nos larmes,
Frappé par d'inconnus bourreaux,
Qui réveille ainsi nos alarmes !
Que fait ici ce vol d'oiseaux ?

Tout à coup, comme un trait rapide,
La lumière a frappé les yeux :
On s'écrie : Ah ! c'est l'Euménide,
C'est bien ici la main des dieux.
La vérité s'est déclarée,
Saisissons, tout est dévoilé :
Et l'homme qui l'a proférée,
Et l'homme auquel il a parlé.

Oh! cette parole fatale,
Comme ils voudroient la retenir!
C'est trop tard : leur visage pâle
Auroit suffi pour les trahir.
Aux pieds du juge on les entraîne,
La scène devient tribunal.
L'aveu s'échappe, et de la peine
Devient aussitôt le signal.

LA FORGE.

Chez la comtesse de Saverne,
Servoit le jeune Fridolin,
Enfant pieux, et que gouverne
L'amour de Dieu, puis du prochain.
Douce et bonne étoit sa maîtresse :
Mais ne l'eût-elle point été,
Orgueil, caprices et rudesse,
Par devoir il eût supporté.

Des premiers rayons de l'aurore,
Jusqu'après le soleil baissé,
Il travaille et travaille encore ;
Jamais il ne s'est reposé.
En vain sa dame lui répète,
Ne te tourmente point si fort;
Il croiroit son œuvre imparfaite,
S'il l'accomplissoit sans effort.

Aussi, parmi sa suite entière,
La comtesse le distinguant,

A le vanter trouvoit matière,
Et toujours alloit le vantant.
Ce n'étoit plus valet ni page;
Mais comme un fils elle l'aimoit,
Et les beaux traits de son visage,
D'un œil maternel contemploit.

Il advint de là qu'un barbare,
Robert, du comte le chasseur,
Dans sa méchante âme prépare
De l'innocence le malheur.
C'est à la chasse que ce traître
A su trouver l'occasion
De blesser le cœur de son maître,
Cœur ardent et prompt au soupçon.

Vraiment, dit-il, monsieur le comte,
Votre bonheur est sans pareil.
Jamais le doute ni la honte
Ne troubleront votre sommeil.
Vous possédez dans votre femme
Un vrai joyau de chasteté.
Jamais d'un séducteur la flamme
N'atteindra la fidélité.

Le comte roulant un œil sombre :
Que dis-tu là, valet méchant ?

Ne sais-je pas que comme l'ombre,
Vertu de femme va flottant?
Tout flatteur bientôt les entraine,
Mais moi je sais sur quoi compter;
Sur la comtesse de Saverne,
Quel œil oseroit s'arrêter?

Oui, oui, vos paroles sont sages;
Il ne mérite que mépris,
Lui qui, né pour être à vos gages,
Ose aspirer à si haut prix;
Qui, pour sa dame, sa maîtresse,
Brûle en dépit de la vertu.
Quoi, dit le comte avec détresse,
Ce quelqu'un-là le connois-tu?

Ce qui vole de bouche en bouche,
Le cacherois-je à mon seigneur?
Toutefois sur ce qui vous touche,
Je puis me taire par honneur.
Réponds, ou je te tue, infâme,
Lui dit le comte en frémissant :
Qui lève les yeux sur ma femme?
C'est Fridolin le bel enfant.

Il est gentil de sa personne,
Ajoute le traître à dessein.

A ces mots le comte frissonne,
Froide sueur couvre son sein.
Quoi, vous ne voyez point qu'à table,
De vous servir peu curieux,
Trahissant son ardeur coupable,
Pour elle seule il a des yeux ?

Voyez ces vers où de sa flamme
Il fait l'aveu sans nul détour,
Et même de la noble dame
Ose implorer quelque retour.
La comtesse douce et sensible,
Par pitié ne le veut trahir,
Je m'en dédirois, si possible :
Car comment devrez-vous agir ?

Le comte, en sa fureur brûlante,
Court à cheval au bois voisin.
C'est là qu'en une forge ardente,
Le fer se fond soir et matin ;
L'ouvrier robuste et fidèle,
Sans cesse au travail adonné,
Entretient une flamme telle,
Qu'un roc en seroit calciné.

De l'eau sagement ménagée
La force agit incessamment ;

La grande roue est dirigée
Par ce rapide mouvement.
Les marteaux frappent en cadence :
Tel jadis on a peint l'enfer,
Et de tant d'efforts la puissance
Courbe, amollit, régit le fer.

Le comte par un signe attire
Deux valets, et leur parle ainsi :
Le premier qui viendra vous dire :
Garçons, avez-vous fait ici
Ce qu'avoit prescrit votre maître ?
A l'instant, au milieu des feux,
Jetez-le, faites disparoître
Son existence à tous les yeux.

A ces mots le couple féroce,
Car plus dur que fer est leur sein,
Tressaille d'une joie atroce ;
Et pour remplir ce noir dessein,
Jette dans la fournaise ardente
Force bois, s'empresse à souffler,
Et se délecte dans l'attente
De celui qu'il doit immoler.

Robert va d'un air hypocrite
Chercher le jeune Fridolin :

Te voilà, dit-il, viens bien vite,
Car de toi ton maître a besoin.
Va, cours, et dans ta course prompte
Que rien ne te tienne arrêté,
Savoir des forgerons du comte
S'ils ont rempli sa volonté.

Aussitôt Fridolin s'empresse
Pour partir au même moment;
Mais, en songeant à sa maîtresse,
Il s'arrête subitement.
Puis se présentant devant elle :
Je suis à la forge envoyé,
Ne puis-je rien faire pour celle
Qu'à servir je suis engagé?

Mon enfant, répond la comtesse,
Je sens en mon cœur le besoin
D'assister à la sainte messe;
Mais mon fils souffre, et j'en prends soin.
Va, porte à la table chrétienne
De mon cœur le pieux désir;
Porte ma prière et la tienne :
Dieu fera grâce au repentir.

Lui, bien joyeux d'un tel message,
En chemin se met promptement.

Il n'est pas au bout du village,
Que la cloche est en mouvement.
La cloche à la prière excite,
Et de la part du Dieu sauveur,
Au festin de la grâce invite
Solennellement tout pécheur.

De ton Dieu point ne te détourne,
Si le trouves en quelque lieu.
Fridolin dit, et sitôt tourne
Ses pas vers la maison de Dieu.
La moisson donne tant à faire,
Que l'église est en ce moment
Silencieuse et solitaire ;
Pour le curé nul desservant.

Quand c'est pour le Ciel qu'on s'arrête,
Dit en soi-même Fridolin,
On n'a pas tort. Puis il s'apprête
A remplacer le sacristain.
De l'aube et l'étole il s'empare,
Par sa main le prêtre est paré.
Aussitôt en hâte il prépare
Les vases du culte sacré.

Cela fait, il change d'office,
Et, prenant en main le missel,

Pour desservir le sacrifice,
Précède le prêtre à l'autel.
A droite, à gauche il met en terre
Un genou, puis va promptement,
S'il entend le nom qu'on révère,
Trois fois la sonnette agitant.

Le prêtre avec respect s'incline,
Et se retournant vers l'autel,
Elève l'image divine.
En sa main, d'un air solennel,
A l'assemblée alors nombreuse,
L'enfant l'annonce à haute voix,
Et tout bas la foule pieuse
Adore le Dieu de la croix.

D'une intelligence docile,
Toutes choses il a compris,
Et les fait d'un air plus facile
Que si long temps il eût appris.
Sans se lasser il officie
Jusqu'au *Dominus cum vobis*,
Lorsque le prêtre congédie
Les assistans qu'il a bénis.

Fridolin, sa tâche remplie,
Remet chaque chose en son lieu,

Nétoie encore et purifie
Le sanctuaire du vrai Dieu.
La conscience satisfaite,
Vers la forge il tourne ses pas,
Et, chemin faisant, il répète
Encor douze *pater* tout bas.

En voyant la flamme qui monte
Et les valets rangés auprès,
Il leur crie : « Avez-vous du comte
Accompli les ordres exprès? »
Montrant la fournaise enflammée,
Ils disent, en grinçant les dents :
« Oui, la besogne est consommée ;
Le comte et nous serons contens. »

Fridolin, d'une course agile,
La réponse vient rapporter
Au comte qui reste immobile,
Et de ce qu'il voit veut douter.
« D'où viens-tu donc en si grand'hâte ?
De la forge ? — Oh non.... — Dans quel lieu
As-tu donc fait si grande halte ?
— A la messe, où j'ai prié Dieu.

En vous quittant, chez la comtesse
J'allai (veuillez me pardonner)

Savoir si ma bonne maîtresse
N'avoit point d'ordre à me donner.
J'en ai reçu qui m'ont dû plaire ;
A la messe allant de grand cœur,
J'ai dit quatre fois le rosaire
Pour ma maîtresse et vous, seigneur. »

Le comte, en sa surprise extrême,
Plein de terreur et de soupçons :
« Redis-moi, page, à l'instant même,
Qu'ont répondu les forgerons.
— Ils m'ont dit, montrant la fumée,
Ces mots vraiment obscurs de sens :
« Oui, la besogne est consommée ;
» Le comte et nous serons contens. »

« Et Robert, interrompt le comte,
A chaque mot plus effrayé ;
De lui peux-tu me rendre compte ?
Au bois je l'avois envoyé.
— Dans le bois ni dans la prairie
Je n'ai trouvé trace de lui. »
Lors le comte, éperdu, s'écrie :
« Le Dieu du ciel juge aujourd'hui. »

Puis, avec une bonté telle
Qu'il n'eut jamais pour Fridolin,

Il conduit le page fidèle
Chez la comtesse par la main,
Disant à la dame ébahie :
Gardez bien cet ange d'enfant ;
J'ai failli lui ravir la vie ;
Mais Dieu lui-même le défend.

DAMON ET PYTHIAS,

OU

LA CAUTION.

Aux portes de Denis, de gardes hérissées,
Damon s'étoit glissé, sous sa robe portant
Un poignard. Les licteurs l'arrêtent à l'instant.
Le sombre et froid Denis veut savoir ses pensées.
« Je voulois d'un tyran délivrer la Cité.
— Tu paîras sur la croix cette témérité. »

« Je suis prêt à la mort, j'ai dévoué ma vie,
Dit Damon. Toutefois, veuille encor m'accorder
Un délai de trois jours que j'ose demander
Pour voir à son époux unir ma sœur chérie;
En otage pour moi mon ami restera;
Si je manque à ma foi, c'est lui qui périra. »

A ce discours Denis sourit avec malice.
« Réfléchis un instant; je t'accorde trois jours,
Dit-il; mais aussitôt qu'aura fini leur cours,

Si tu n'es point ici pour t'offrir au supplice,
Songe que ton ami tombera sous les coups
Qui t'étoient destinés; toi, tu seras absous. »

A son ami Damon va raconter l'affaire.
« Pour punir mon projet, le roi m'a condamné
A périr sur la croix; toutefois m'a donné
Un délai de trois jours. Ce temps m'est nécessaire
Pour marier ma sœur; tu resteras pour moi
Jusqu'à ce que j'arrive et dégage ma foi. »

Pythias, sans parler, contre son cœur le serre;
Puis aux mains du tyran il va se consigner.
Damon tout aussitôt s'empresse à s'éloigner.
Quand le troisième jour paroît sur l'hémisphère,
Sa sœur est mariée; il revient à grands pas
Tout troublé de la peur qu'on ne l'attende pas.

Mais la pluie à grands flots se répand sur la terre;
Un torrent furieux roule du prochain mont.
Damon voit des débris, voit les arches d'un pont
Qu'entraînent en grondant les eaux de la rivière.
Il est là sur le bord, malheureux pélerin,
N'ayant pour tout appui qu'un bâton à la main.

Il parcourt désolé ce funeste rivage,

Cherche de tous côtés, appelle mille fois ;
Mais, hélas! nul n'entend sa lamentable voix ;
Nul bateau ne paroit sur la déserte plage ;
L'eau s'étend, et jamais le plus hardi nocher
De ces flots débordés n'oseroit approcher.

Grand Jupiter, dit-il, élevant ses mains jointes,
Prends pitié de mes pleurs, arrête le torrent,
Ou fais-moi voir un lieu tel qu'en le traversant,
Je me puisse affranchir des plus affreuses craintes.
Il est midi déjà ; quand le jour baissera,
Si je n'arrive, ô Dieu! Pythias périra!

Le torrent semble, hélas! redoubler de furie ;
Les flots pressent les flots ; les précieux momens
Vont s'écoulant aussi : bientôt il n'est plus temps ;
Damon n'écoute plus qu'une angoisse inouïe ;
Il se jette à la nage, et l'eau cède à son bras ;
Car la pitié d'un Dieu veille sur ses combats.

Il a vaincu les eaux : il gagne le rivage,
Et marchant à grands pas, rend grâce au Dieu sauveur :
Voilà d'un bois voisin que la sombre épaisseur
A vomi de brigands une troupe sauvage
De carnage altérés et la massue en main ;
Ils entourent Damon, lui barrent le chemin.

Pénétré, non pour lui, d'une terreur mortelle :
« Je n'ai point de trésor; que voulez-vous de moi?
Je n'ai rien que ma vie : elle appartient au roi. »
Il pense à son ami; sa force est sans pareille.
Il saisit la massue, et d'un bras vigoureux,
Mettant le reste en fuite, il en terrasse deux.

Mais les ardeurs du jour ne sont plus supportables;
Damon, brûlant de soif, de fatigue harassé,
Sent fléchir ses genoux sous son corps affaissé.
Dieux qui m'avez sauvé d'entre ces mains coupables
Et des fureurs des eaux, souffrirez-vous qu'ici
Je meure, et dans ma perte entraîne mon ami?

A peine il avoit dit, qu'un murmure agréable
Parvient à son oreille; il regarde, et tout près
D'un rocher voit sortir un ruisseau clair et frais.
Au triste pélerin quel objet délectable!
Plein de joie, il se baisse; il est désaltéré,
Il a repris sa course; il se sent restauré.

Mais déjà le soleil descend et plus ne brille
Qu'au travers des rameaux. Les ombres grandissant
Vont sur le vert gazon les arbres dessinant.
Près de deux voyageurs revenant de la ville,
Il passe. L'un des deux a dit distinctement :
On l'étend sur la croix dans ce même moment.

Son angoisse redouble et lui donne des ailes.
Il vole ; il voit briller, mais de loin seulement,
Les toits de Syracuse aux rayons du couchant.
Philostrate paroît ; l'un des valets fidèles
Laissé dans sa maison ; il pâlit en voyant
Son maître devant lui de fatigue haletant.

« Retourne sur tes pas ; sauve ta propre vie ;
Tu ne peux plus sauver ton malheureux ami ;
C'est trop tard. Sans se croire un seul moment trahi
Il s'est vu sur la croix. La cruelle ironie
Du tyran n'a pas pu décourager sa foi ;
D'heure en heure il comptoit, il espéroit en toi. »

« — Fût-il cent fois trop tard, me fût-il impossible
De conserver ses jours, encor je paroîtrai ;
Ne pouvant le sauver, avec lui je mourrai.
Nous périrons tous deux ; mais le tyran terrible,
Si son cœur n'est point fait pour sentir la pitié,
Sera forcé du moins de croire à l'amitié. »

Le soleil se couchoit ; la croix étoit dressée ;
Il arrive, et d'un pas hardi, précipité,
Se fait jour au travers du peuple épouvanté.
Aux bras de Pythias voit la corde enlacée :
« A moi, dit-il, bourreaux, que je sois suspendu ;
C'est moi, c'est pour moi seul qu'il avoit répondu. »

Voyez les deux héros d'une amitié si belle
S'embrasser en pleurant de joie et de douleur ;
Autour d'eux point d'œil sec, point d'insensible cœur
On court porter au roi cette étrange nouvelle.
Pour la première fois se sentant ébranler,
Au palais aussitôt il les fait appeler.

D'un œil d'étonnement long-temps il considère
Les amis ; puis leur dit : « Vous l'avez emporté,
Votre tendresse enfin fléchit ma dureté.
La foi de l'amitié n'est point une chimère.
Vivez, et laissez-moi penser que quelque jour
Je serai le troisième en votre saint amour. »

PLAINTES DE CÉRÈS.

La terre a changé de face ;
Le printemps la rafraîchit :
De sa ceinture de glace
Partout elle s'affranchit :
Un ciel plus serein se mire
Dans le cristal des ruisseaux ;
Au souffle heureux du Zéphire
Poussent les jeunes rameaux.
Les concerts d'été renaissent ;
L'Oréade a dit : « Hélas !
Cérès, tes fleurs reparoissent,
Ta fille ne revient pas. »

Que j'ai parcouru d'espace,
De coteaux et de vallons !
D'Apollon j'ai, sur sa trace,
Envoyé tous les rayons,
Mais en vain ; point de nouvelle
Du cher objet de mes vœux,
Et le jour, qui tout décèle,

Ne l'offre point à mes yeux.
Jupiter l'a-t-il saisie?
Ou, touché de tant d'appas,
Pluton l'auroit-il ravie
Au noir séjour du trépas?

Qui donc portera ma peine
Sur ces lamentables bords?
La barque va, mais ne mène
Rien que les ombres des morts.
Inconnu pour tout le monde,
Ce noir domaine est resté.
Jamais le Styx sur son onde
Etre vivant n'a porté.
Mille sentiers pour descendre,
Pas un qui ramène au jour;
Rien, ma fille, pour apprendre
Tes douleurs à mon amour.

Toute mère de famille,
De la race de Pyrrha,
Peut du moins suivre la fille
Que la mort lui ravira.
Mais, hélas! les immortelles
N'ont point un espoir si doux;
Parques, vos mains si cruelles

N'épargnent jamais que nous.
Ah! plutôt dans l'ombre épaisse
Jetez-moi du haut du ciel.
Ces vains droits de la déesse
Brisent le cœur maternel.

Ah! que volontiers sa mère
Iroit au lieu de terreur,
Où, près d'un époux sévère,
Elle règne sans bonheur.
Parmi la foule des ombres
Je me tiendrois; et tes yeux,
Cherchant loin des plaines sombres
La douce clarté des cieux,
Ne m'auroient point encor vue
Quand ma joie éclateroit,
Et tu me serois rendue,
Et l'enfer s'attendriroit.

Vain désir, plainte inutile!
Phébus, au champ de l'Ether,
Suit sa carrière immobile
Sous la loi de Jupiter,
Dont la tête glorieuse
Se détourne des Enfers.
Moi, pour toujours malheureuse,

Proserpine, je te perds.
Je te verrai quand l'Aurore
De ses feux peindra le Styx;
Et si l'Enfer se colore
Des rayons de l'arc d'Iris.

N'en reste-t-il point de trace?
Rien d'elle pour exprimer
Que, *séparé par l'espace*,
On se peut encore aimer?
Quoi! plus de commune vie
Entre la mère et l'enfant!
N'est-il plus rien qui rallie
Les morts au monde vivant?
Oui, quelque chose me reste
De l'enfant qui m'est ôté,
Et la puissance céleste
Un langage m'a prêté.

Quand les fleurs, quand les feuillages,
Par le vent du nord fanés,
Tomberont dans les bocages
Et sur nos champs moissonnés:
Parmi les dons de l'Automne
Choisissant le grain doré,
Epanchant la riche corne

Dans le terrain labouré,
Je me dirai que peut-être
A ma fille, au noir séjour,
Ces germes feront connoître
Ma douleur et mon amour.

Quand des jours la marche égale
Nous ramène le printemps,
Alors que Phébus étale
Ses rayons vivifians,
Du sein glacé de la terre
Le germe se dégageant,
Dans l'empire de lumière
S'élance joyeusement.
Il sembloit mort, il prospère,
Brillant de vives couleurs;
La racine reste en terre,
Et cherche les profondeurs.

Dans ces plantes élancées
De l'empire de l'effroi
Je crois trouver tes pensées
Qui remontent jusqu'à moi.
Le Cocyte en vain t'enferme
Dans l'abîme ténébreux.
Chaque pur et nouveau germe

Qui vient s'offrir à mes yeux
Me dit qu'en la nuit profonde
Où les ombres vont flottant,
Ton cœur aspire à ce monde
M'aimant et me regrettant.

Fleurs nouvellement écloses,
Saluons votre retour;
Que l'Aurore aux doigts de roses
Vous ranime chaque jour.
Sur vous tomberont ses larmes
Que Phébus effacera.
Iris, pour parer vos charmes,
Ses rayons me prêtera.
Le Printemps, qui tout ranime,
Et l'Automne en sa longueur,
A tout cœur sensible exprime
Et ma joie et ma douleur.

CASSANDRE.

Dans les murs antiques de Troie,
Debout encor pour peu de temps,
On n'entendoit que cris de joie
Et tendres concerts d'instrumens;
Les guerriers reprenoient haleine,
Après tant de combats affreux;
Car la charmante Polyxène
D'Achille avoit fixé les vœux.

Jeunes Troyens, belles Troyennes,
Lauriers ornant leur front serein,
Alloient visiter, par centaines,
L'autel d'Apollon Thymbrien.
Bacchantes, comme aux jours de fête,
Remplissoient les airs de leurs voix.
Dans le silence et la retraite
Quelqu'un gémissoit toutefois.

Hélas! c'est la triste Cassandre
Qui, sans joie au sein des plaisirs,

Dans les bois sacrés vient répandre
Ses pleurs et cacher ses soupirs.
Dans ce refuge, la princesse,
Le cœur ému, les yeux mouillés,
Jetant son bandeau de prêtresse,
Le déchire et le foule aux pieds.

Je ne vois que jeux et que danse,
Au plaisir tous les cœurs s'ouvrant,
Mes vieux parens, pleins d'espérance,
Ma sœur pour l'autel se parant;
Et moi, de craintes déchirée,
L'illusion me fuit, hélas!
Je vois de la ville sacrée
La perte approcher à grands pas.

Je vois un flambeau qui s'allume;
D'hymen tels ne sont point les feux.
Jusqu'aux cieux il s'élève et fume,
Mais non comme un encens heureux.
Combien de fêtes l'on prépare!
Mais moi, je sens en mon esprit
Les approches d'un dieu barbare,
Et bientôt tout sera détruit.

Las! on insulte à mes alarmes,

On me reproche ma douleur.
Au désert je cache mes larmes
Et les angoisses de mon cœur.
Oui, tout mortel heureux m'évite,
Sans pitié l'on rit de mes maux.
A quel sort m'as-tu donc réduite,
O toi, cruel dieu de Délos!

Ah! pour annoncer tes oracles,
Pourquoi me jeter en ces lieux,
Où même aux plus frappans spectacles
L'aveugle n'ouvre point les yeux?
A cette affreuse prévoyance
Falloit-il donc me condamner?
De quoi nous sert la connoissance
Des maux qu'on ne peut détourner.

Oh! qu'on laisse un voile propice
Cacher l'avenir menaçant;
Pour le voyant tout est supplice,
Où tout est bien pour l'ignorant.
Loin de moi funeste lumière
Qui m'offre un sort ensanglanté;
Trop malheureux qui sur la terre
Doit annoncer la vérité.

Apollon, qu'enfin je te touche,

Et rends-moi mon aveuglement.
Tant que tu parles par ma bouche,
Je ne puis plus chanter gaîment;
Dans l'avenir tu me fais lire;
Mais c'est aux dépens du présent;
Pour mon malheur ton art m'inspire,
Reprends ton funeste présent.

Depuis qu'aux autels enchaînée,
Je te sers, on ne vit jamais
Ma longue chevelure ornée
De joyaux, fleurs, feuillages frais.
Le temps où la jeunesse brille
N'est pour moi qu'un temps de douleur,
Et tous les maux de ma famille
Ont pesé sur mon triste cœur.

Que mes compagnes sont heureuses!
Tout rit, tout aime autour de moi;
Et, parmi ces bandes joyeuses,
Seule, je suis une autre loi.
En vain la nature embellie
Du printemps m'offre les douceurs;
Ah! comment jouir de la vie
Quand on en voit les profondeurs!

Ma sœur, en son heureuse ivresse,

Livrée à l'espoir le plus doux,
Au plus grand des fils de la Grèce
Pense donner le nom d'époux.
Dans cette illusion si belle,
Et dans tes transports orgueilleux,
Tu ne crois plus, pauvre mortelle,
Devoir rien envier aux dieux.

Ainsi j'ai rencontré la vue
De celui qu'eût choisi mon cœur;
Ses regards à Cassandre émue
Promettoient amour et bonheur.
Je l'eusse, avec douce espérance,
Suivi sous le toit conjugal;
Mais une ombre entre nous s'avance
Sortant du séjour infernal.

La reine du lugubre empire
Déchaîne sur moi sa terreur;
Je vois partout où je respire
De noirs fantômes pleins d'horreur.
Cruels fléaux de ma jeunesse,
Ils semblent naître sous mes pas!
Et quand ils me troublent sans cesse,
Quel plaisir goûterois-je, hélas!

Oui, je vois l'arme meurtrière,

Le bras qui va m'assassiner.
En vain je ferme la paupière,
En vain je veux me détourner.
Sur moi, cruelle destinée,
Déjà tes décrets sont remplis;
Je vis de morts environnée,
Je mourrai loin de mon pays.

Ces mots retentissoient encore.
Du temple sort un bruit confus,
Par un coup qu'en vain l'on déplore,
Le fils de Thétis n'étoit plus.
Némésis accourt; à sa vue,
Les dieux s'en vont de toutes parts;
La foudre est dès lors suspendue,
Triste Ilion, sur tes remparts.

LE PARTAGE DE LA TERRE.

MORTELS, dit Jupiter, du sommet d'un nuage,
La terre est votre bien, je vous la donne à tous
En fief perpétuel et par droit d'héritage ;
En bons frères, arrangez-vous.

Jeunes, vieux, à ces mots tout s'agite et s'empresse ;
Le laboureur s'attache au fertile guéret,
Le gentilhomme altier s'empare avec noblesse
Du droit de chasse en la forêt.

Le marchand tient déjà richesses entassées,
L'abbé choisit des vins ; l'on voit enfin le roi
Barrières imposer sur les ponts et chaussées,
Disant : Le péage est à moi.

Tout est fait quand on voit le poëte paroître
D'un pays éloigné revenu, mais trop tard ;
Il ne trouve plus rien, chaque objet a son maître ;
Tout mortel a reçu sa part.

Quoi! faut-il que moi seul dans l'oubli tu me laisse?
Moi seul, grand Jupiter, ton plus fidèle enfant!
Il dit, et près du trône accablé de tristesse,
Il se prosterne en gémissant.

Tu t'oubliois toi-même au pays des chimères,
Lui réplique le dieu; pourquoi t'en prendre à moi?
Dis, où donc étois-tu quand j'ai doté tes frères?
Le poëte répond: Vers toi.

Des sphères écoutant la divine harmonie,
Contemplant ton visage auguste et radieux;
A mon esprit ravi ta grandeur infinie
A fait oublier ces bas lieux.

Que faire, dit le dieu, quand la terre est livrée?
Marchés, forêts, moissons, je n'ai plus rien à moi.
Mais lorsque tu voudras visiter l'Empyrée,
Approche; il s'ouvrira pour toi.

LA FILLE INFANTICIDE.

Ce son lugubre et sourd des cloches réunies,
  L'entendez-vous? voyez-vous fuir le temps?
L'aiguille a fait son tour; au maître de nos vies
Obéissons, allons où la mort nous attend;
Cortége de la mort, conduis-moi sous le glaive.
Ce monde qui m'a fait tant de mal et de bien,
En l'aimant, en pleurant, de le quitter j'achève.
  Monde trompeur, je ne te dois plus rien.

Adieu brillant soleil; ta joie et ta lumière
  Vont pour toujours disparoître à mes yeux.
Les ténèbres des morts et leur froide poussière
Remplaceront pour moi la clarté de tes feux.
Ces pensers de bonheur qui sembloient si propices,
Ils ont été déjà dans leurs germes flétris.
Adieu roses d'été, séduisantes délices,
  Charmes du cœur; adieu rêves chéris.

Naguère je portois de la simple innocence,
  Et la ceinture et les blancs vêtemens,

Et dans mes blonds cheveux brilloient en abondance
Tendres boutons de fleurs, heureux dons du printemps.
Aujourd'hui des enfers victime infortunée,
Un vêtement pareil enveloppe mon corps;
Mais, las! au lieu de fleurs, ma tête n'est ornée
Que du bandeau destiné pour les morts.

Pleurez sur moi, mes sœurs, qui, toujours innocentes,
N'avez perdu l'honneur ni le repos,
Qui sans doute joignez dans vos vertus constantes
Aux attraits de la femme une âme de héros.
Un tendre sentiment fut mon unique guide,
Et ce sentiment même aujourd'hui me punit.
Hélas! ce fut par lui, dans les bras d'un perfide
Que ta vertu, Louise, s'endormit.

Tandis qu'à ma douleur je suis abandonnée,
Que le tombeau s'ouvre devant mes yeux,
Ce volage séduit une autre infortunée,
Sourit à sa parure, à ses chants, à ses jeux.
Il caresse en vainqueur sa nouvelle conquête,
Et bientôt sur ce trône, à la mort consacré,
On verra dans l'instant où tombera ma tête,
Mon sang jaillir d'un corps défiguré.

Oh! puisse de ma mort le cortége effroyable,

Cruel Joseph, s'attacher à tes pas;
De la cloche de mort que le son lamentable
T'annonce avec horreur l'instant de mon trépas;
Et que mon souvenir, ainsi qu'une Furie,
Empoisonnant d'amour le calice enchanté,
Change en tison d'enfer cette rose fleurie
Qu'à tes désirs offroit la volupté.

Quoi! tu méprises tout, et ma douleur amère
D'avoir perdu l'irréparable honneur,
Et ce qui toucheroit le tigre et la panthère,
Cet enfant, homme dur, palpitant sur mon cœur.
Tu pars; de ton vaisseau la voile fugitive
S'éloigne, et quand mes yeux de douleur obscurcis
Voudroient te suivre encor déjà sur l'autre rive,
Tu fais des vœux qu'aussitôt tu trahis.

Ton fils, que faisoit-il dans les bras de sa mère?
Paisiblement, hélas! il reposoit,
Semblable au frais bouton, posé sur la fougère,
Cet aimable innocent à ma voix sourioit.
Mais, ô tourment d'enfer! c'étoit ta vive image;
C'étoit en le voyant toi que je croyois voir;
Mon cœur étoit en proie au plus cruel orage,
Troublé d'amour, perdu de désespoir.

Femme, sembloit-il dire en son muet langage,

Mon père, où donc est-il? Ton père, hélas!
Tout me redit à moi, dans mon affreux veuvage:
Femme, où donc ton époux a-t-il porté ses pas?
Pauvre orphelin, vers lui qui t'ouvrira les voies?
D'autres enfans peut-être à son amour ont part,
Et toi, tu maudiras nos criminelles joies
Qui t'ont valu l'affreux nom de bâtard.

O malheureux enfant, ta déplorable mère
Se sentoit seule en ce vaste univers!
Du bonheur maternel la source étoit amère,
La honte empoisonnoit mes plaisirs les plus chers.
Ces regrets du passé, ces fléaux de la vie,
Tu les offrois sans cesse à mon triste regard.
Ta voix me rappeloit ma tendresse trahie,
Et ton sourire étoit comme un poignard.

Te fuir, te délaisser, il m'étoit impossible;
Te voir sans cesse étoit trop grand tourment;
Tes caresses, hélas! avec un charme horrible,
Sans cesse rappeloient celles d'un traître amant;
En lugubres accens la voix de ce parjure
Retentissoit sans cesse en mon cœur abîmé.
Ainsi le désespoir étouffa la nature;
Ainsi le meurtre enfin fut consommé.

Joseph, tu sentiras, fût-ce au bout de la terre,

Le bras glacé d'un fantôme effrayant;
Au milieu des plaisirs, de leur paix mensongère
Tu verras l'œil éteint de ton enfant mourant.
Oh! puisses-tu ne voir que sa fatale image
Parmi les feux brillans dans les cieux suspendus,
Et son corps tout sanglant te barrant le passage,
Te repousser du séjour des élus!

A mes pieds étendu vois-tu ce corps sans âme?
Avec froideur mes regards étonnés
Ont vu couler son sang; mais à la même trame
Tenoient avec ses jours mes jours infortunés.
On frappe à ma prison; la mort m'est annoncée.
Affreux coups; de mon cœur pourtant les battemens
Sont plus affreux. Marchons, et que la mort glacée
Eteigne enfin le feu de mes tourmens.

Joseph, le Dieu du ciel est un Dieu de clémence;
La pécheresse aussi doit pardonner.
Je te pardonne tout: périsse ma vengeance
Avec le bois ardent qui va me consumer!
J'ai vaincu. J'abandonne aux ardeurs de la flamme
Tes lettres, ton amour, les gages de ta foi,
Et tes sermens trompeurs, ces poisons de mon âme,
Sur ce bûcher vont périr avec moi.

Mes sœurs, défiez-vous des sermens d'un volage;

Craignez l'éclat d'un âge trop flatté ;
Songez que sans attraits j'en eusse été plus sage,
Et que sur l'échafaud j'ai maudit ma beauté.
Quoi ! bourreau, quoi ! des pleurs sur ce sanglant thé
Vite, autour de mon front le bandeau du trépas.
Comme le lys des champs, ne sais-tu pas m'abattre!
Dois-tu pâlir? Frappe, et ne tremble pas !

LE CHANT DE VICTOIRE.

Du vieux Priam, la cité consumée
N'offroit plus rien que cendres et débris.
Les princes grecs, leur triomphante armée,
Ivres d'orgueil, sur leurs vaisseaux assis,
De l'Hellespont occupoient le rivage.
Leur grand butin formoit riche fardeau;
Ils ne pensoient qu'à leur prochain passage
Pour retourner en leur pays si beau.
    Entonnons des chants de joie,
    Car de nos vaisseaux guerriers
    La voile enfin se déploie
    Pour voguer vers nos foyers.

Et cependant les captives Troyennes,
Pâles d'effroi, contemploient leur destin :
Au bord des eaux formant de longues chaînes,
Cheveux épars et se frappant le sein,
Aux chants hardis d'une bruyante joie
Elles méloient le chant de leur douleur,
Et déplorant les grands malheurs de Troie,

Pleuroient encor sur leur propre malheur.
Adieu donc plages chéries,
Nous vivrons sur d'autres bords,
Aux étrangers asservies.
Hélas! qu'heureux sont les morts!

Voyez Calchas hâter les sacrifices
Qu'il veut offrir aux grandes déités;
Calchas invoque, il veut rendre propices
Pallas, qui fonde et détruit les cités.
Neptune aussi, le dieu qui de la terre
Presse les flancs d'une ceinture d'eaux,
Et Jupiter, le maître du tonnerre,
Qui fait pleuvoir et les biens et les maux.
La querelle est apaisée
Après tant de mauvais jours;
La grande ville est rasée,
Les destins ont fait leur cours.

Le roi des rois, le magnanime Atride,
Fixoit les yeux en soupirant tout bas
Sur les débris de l'armée intrépide
Qui de l'Aulide avoit suivi ses pas.
Hélas! de ceux que j'avois vus descendre,
Se disoit-il avec un sombre ennui,
Combien sont morts aux rives du Scamandre,

Et combien peu j'en ramène aujourd'hui!
    Vous, les enfans de la Grèce,
    Qui la révérez encor,
    A votre juste allégresse
    Par vos chants donnez essor.

Le sage Ulysse, au cœur plein de prudence,
Prononce alors, par Minerve inspiré.
D'un doux retour tous ont grande espérance,
Peu goûteront ce bien si désiré.
Combien de fois aux autels domestiques
Un assassin ne s'est-il pas glissé!
Tel affrontoit les dangers héroïques,
Qu'un traître ami dans l'ombre a renversé.
    Il faut bien qu'un Dieu propice
    Veille à la fidélité;
    Car la femme en sa malice
    Ne cherche que nouveauté.

Ménélas, plein de tendresse et de joie,
Retient et presse en ses bras amoureux
Cette beauté qu'il reconquit sur Troie,
Aimable objet où se bornent ses vœux.
Ainsi, dit-il, périra tout perfide;
Chaque forfait trouve un juste vengeur;
Le tribunal qui dans les cieux préside

Ne fléchit point en sa juste rigueur.
L'hospitalité trahie
Sur un lâche criminel,
Tôt ou tard sera punie
Par le pouvoir éternel.

C'est leur avis, dit le fils d'Oïlée,
A ces mortels comblés des dons des cieux,
Que la fortune au mérite égalée
Fait voir partout la justice des dieux.
Mais qu'en effet l'aveugle sort déploie
Peu d'équité dans ses dons les plus doux!
Patrocle, hélas! gît sous les murs de Troie,
Thersite vit et triomphe avec nous.
Puisque de l'urne funeste
Les lots tombent au hasard,
Qui parmi les vivans reste
Doit bénir sa bonne part.

Des plus vaillans la mort atteint les têtes.
Ton nom si cher, ô frère généreux!
Sera chanté par la Grèce en ses fêtes;
Dans les combats, qui la défendit mieux?
Oui, nos vaisseaux, au jour de la détresse,
Furent sauvés, Ajax, par ton seul bras,
Et cependant un autre, par adresse,

Obtint le prix qu'en vain tu réclamas.
Que la paix soit sur ta cendre,
O toi, le plus fort de tous !
Ton sang n'a pu se répandre
Que par ton propre courroux.

Pyrrhus s'adresse aux mânes de son père ;
Et d'un vin pur faisant couler les flots,
De tous les sorts célébrés sur la terre,
Nul ne l'est plus que le tien, grand héros.
De tous les biens, le premier c'est la gloire.
Ton corps périt au fond d'un monument ;
Mais l'univers conserve la mémoire
D'un nom si cher, vanté si justement.
Les poëtes, d'âge en âge,
Rediront dans leurs accords
Que la gloire est ton partage,
Et tu vivras chez les morts.

Vous oubliez, dit le fils de Tydée,
Dans vos chansons un héros malheureux ;
Justice au moins lui doit être accordée.
Hector mourut pour son peuple et ses dieux.
En le plaignant honorez sa mémoire ;
Il succomba du sort abandonné.
Mais dans la lutte il acquit plus de gloire

Que le vainqueur de lauriers couronné.
Du chef qui donna sa vie
Pour ses dieux et son pays,
La gloire sera chérie,
Même par les ennemis.

Le vieux Nestor, lui qui vécut trois âges,
Prend, d'un bras foible, avec précaution,
La coupe d'or qu'ornoient de verts feuillages,
Et va chercher la reine d'Ilion,
La triste Hécube, aux yeux remplis de larmes.
Bois, lui dit-il, cette douce liqueur;
Tous les objets ont par elle des charmes;
Elle adoucit tous les traits du malheur.
Bois la liqueur bienfaisante,
Merveilleux don de Bacchus:
Elle console, elle enchante;
Bientôt la douleur n'est plus.

Pleine du dieu dont elle fut prêtresse,
Cassandre alors d'un vaisseau contemplant
Ce qu'ont détruit les guerriers de la Grèce,
Et d'Ilion le sol encor fumant:
Tout n'est que cendre et vapeur sur la terre,
A-t-elle dit; des mortels orgueilleux
Tout le pouvoir n'est que vaine chimère,

Rien n'est constant que la grandeur des dieux.
Puisque des Soucis la troupe
Coursiers et vaisseaux poursuit,
Du Plaisir vidons la coupe,
Et sachons vivre aujourd'hui.

LA CLOCHE.

Vivos voco, mortuos plango, fulgura frango.

(C'est le maître fondeur qui parle.)

Le moule est fixé dans la terre,
Et l'argile attend le métal;
La cloche aujourd'hui doit se faire.
Courage, amis; vite au travail;
Il faut que la sueur sans cesse
Coule du front de l'ouvrier;
Qu'à son œuvre on le reconnoisse :
Dieu le protège en son métier.

Préparant une œuvre solide;
Parlons-en d'un ton sérieux.
Quand un sage discours le guide,
Le travail toujours s'en fait mieux.
Qu'un œil attentif s'intéresse
Même au succès du moindre effort.

J'estime peu l'homme qui laisse
Son œuvre aller au gré du sort.
N'est-ce pas ce qui nous honore,
Le privilége des humains,
De faire en notre tête éclore
Ce qui doit sortir de nos mains?

Que la flamme toujours augmente,
Pour qu'elle se prête à nos fins;
Et, pour la rendre plus ardente,
Prenez le bois sec des sapins.
Déjà le cuivre étoit liquide:
Ajoutez l'étain promptement.
Que le mélange, plus rapide,
S'opère plus facilement.

Cloche qu'avec le secours de la flamme
Nos mains formoient dans ce profond fossé,
Bientôt s'élève, et notre œuvre proclame
D'en haut la tour du clocher exhaussé.
Combien de fois le cercle de l'année
Elle verra passer, sa voix faisant ouïr!
De chants religieux souvent accompagnée,
Avec les affligés on l'entendra gémir.
Tout changement, soit fatal, soit prospère,
Les grands arrêts du Maître souverain

Sont annoncés aux enfans de la terre
Par les graves sons de l'airain.

De blanches bulles d'air s'élèvent,
La masse entière se dissout;
Que les sels de la cendre achèvent
De fondre en pénétrant partout.
Que toute matière étrangère
Soit écartée avec grand soin,
Pour que la fonte au mieux s'opère,
Et que le son soit pur et plein.

Ses sons joyeux annoncent une fête;
La cloche appelle un enfant nouveau-né,
Dont au baptême on présente la tête,
Tandis qu'il dort doucement incliné.
Nul ne connoît les secrets de sa vie,
Les biens, les maux qui lui sont destinés.
Sur son berceau sa mère veille et prie;
Ses premiers jours au moins sont fortunés.
Des jours, des ans rapide est le passage;
Bientôt l'on voit le fier adolescent
Se séparant des filles de son âge,
Et dans la vie à grands pas s'élançant.
En étranger, sous le toit de son père,
Est-il rentré? C'est alors qu'à ses yeux

S'offre un objet, le charme de la terre,
Et qu'on croiroit être venu des cieux,
La jeune fille innocente et modeste,
D'un sentiment qui ne se peut nommer,
Le jeune homme se sent agiter et charmer.
Il se retire, et loin de ses amis il reste,
Quand à leurs jeux ils voudroient l'animer.
Sans nul chagrin ses yeux sont pleins de larmes;
En rougissant il va chercher les pas
De la beauté; va s'enivrant des charmes
D'un doux regard qu'on ne détourne pas;
Dans la prairie il cueille en abondance
Riantes fleurs qu'il offre tous les jours;
Tendres désirs, séduisante espérance,
Momens chéris des premières amours!
Le jeune amant à peine peut suffire
À son bonheur. Il voit, dans son délire,
Les cieux ouverts. Oh! s'il duroit toujours,
Cet heureux temps des premières amours!

Si ma baguette, et je l'espère,
En la plongeant dans le creuset,
Revêt une couche de verre,
A couler le métal est prêt.
Oui, tes tubes déjà brunissent;
Voyons si l'œuvre s'accomplit.

Et si les contraires s'unissent,
Si la fusion réussit.

Pour obtenir la parfaite harmonie,
Il faut unir la force et la douceur.
Qu'il cherche donc celui qui pour toujours se lie
A s'assurer d'un cœur qui réponde à son cœur.
Elle n'a qu'un moment l'amoureuse folie;
Le repentir suit, et c'est pour long-temps.
Voyez la jeune épouse en son heureux printemps.
Oh! qu'elle est belle alors que de fleurs couronnée,
A l'appel de la cloche aux autels amenée,
Elle marche à la fête; hélas! et ce beau jour
Souvent est le dernier du bonheur de l'amour.
Avec le voile et la ceinture
Souvent tombe l'illusion.
Mais que l'amour épuré dure
Et survive à la passion,
Ainsi qu'on voit dans la nature
Le fruit paroître après la fleur.

L'homme, en sa vigueur,
Combat les écueils de la vie,
Actif, adroit, plein d'industrie,
Il rassemble de toutes parts
Les élémens de la richesse,

Use de force et de finesse;
Nul gain n'échappe à ses regards;
Il sème, il plante,
Il se tourmente.
Chaque jour au travail le premier, le dernier;
Il trouve enfin sa récompense;
Domaines et maisons, tout s'étend; l'abondance
Vient habiter en son grenier,
Et sa modeste ménagère,
De ses enfans la digne mère,
Gouverne sagement
Le cercle de famille,
Son fils réprimant,
Instruisant sa fille,
D'une agile main,
Filant et la laine et le lin.
Ses soins de chaque objet ont assigné la place.
Elle emplit le buffet de trésors; elle entasse
Dans les coffres épais brillans de propreté,
Toile blanchie et drap bien aprêté
A la solidité sait unir l'élégance,
Partout fait régner l'abondance,
Et ne se repose jamais.

Le père cependant, du haut de la colline
Qui terres et maisons domine,

Promène autour de soi des regards satisfaits :
Arbres chargés de fruits et vastes granges pleines,
Et dans les champs féconds,
Les vents chauds agitant d'ondoyantes moissons,
Que manque-t-il à ses domaines?
Il s'écrie orgueilleusement :
Non, la terre n'a point de plus sûr fondement,
Que ne sont ceux de ma richesse!
Pauvre mortel! avec le sort
Penses-tu pouvoir faire accord?
Il est tout près le jour de ta détresse.

La cassure est bien dentelée ;
Mais avant que de la percer,
Prions, et la grâce appelée
Puisse-t-elle nous exaucer !
Dieu veuille protéger le moule ;
Ouvrons une issue au métal ;
Qu'il bouillonne et fume et s'écoule
En noirs torrens dans le canal.

Oh! que du feu la force est bienfaisante,
Quand pour ses fins l'homme sait la dompter!
Par elle seule il peut exécuter
Les œuvres qu'il invente;
C'est un beau don du ciel; mais dès que s'échappant,

A sa nature on le voit retournant,
Ce n'est plus l'instrument de la faveur divine;
Elle n'opère plus que désordre et ruine.
Quand cessant d'obéir le feu va dominant,
Et sans résistance augmentant,
Roule ses vagues monstrueuses,
Malheur aux cités populeuses!
Les élémens sont ennemis
Des travaux par l'homme accomplis.
Du sein d'un nuage
Tombent la douce pluie et la fécondité;
Mais le noir et fatal orage
Par un nuage est de même apporté.
Entendez-vous ce son plein d'épouvante,
C'est le tocsin.
Au ciel quelle rougeur sanglante
Paroît soudain!
Du jour ce n'est point la lumière.
Tumulte affreux!
La fumée, en noire poussière,
S'échappe à travers mille feux.
La flamme s'élève en cclonne,
Et, pétillant,
Aussi rapide que le vent,
Descend la nue, et craque et tonne,
Et de tous côtés se répand.

Les airs s'embrasent,
Les toits s'écrasent;
On voit, on entend
Poutres se brisant,
Vitres se fendant,
Et, dans leur détresse,
Les enfans gémir,
Les mères courir;
Tout fuit, tout s'empresse,
Les animaux, sous les débris,
Poussent de lamentables cris.
De cette nuit la clarté déplorable
Plus que le jour frappe l'œil ébloui;
Enfin la chaîne secourable
S'établit; mille mains travaillent à l'envi;
On fait voler les seaux, le secours se partage.
L'eau jaillit dans les airs et retombe en torrens;
Mais un rapide vent d'orage
Siffle et vient se mêler à ces feux dévorans.
La flamme se ranime et s'étend et pénètre
Dans les greniers, granges et magasins,
Semble-t-il pas que tout va disparoître,
Qu'elle entraîne au néant le séjour des humains,
Quand vers les cieux elle s'élance
Ainsi qu'un géant destructeur?

L'homme privé d'espoir se résigne au malheur:

Il ne s'agite plus ; dans un profond silence,
De son travail il voit périr les fruits,
Il voit ses ateliers détruits,
Sa maison vide et délabrée,
N'ayant plus d'autre toit que la voûte des cieux :
D'une fenêtre démembrée,
S'approche-t-il ? O spectacle hideux !
L'horreur seule habite en ces lieux.
Sur le tombeau de sa fortune,
Il jette encore un long regard....
Son bâton seul lui reste ; il le saisit, et part.
Son courage renaît au moment du départ :
Du sort la rigueur importune
S'adoucit, un trésor à son cœur est rendu ;
Ses enfans l'ont rejoint sortant de l'incendie,
Il compte avec effroi chaque tête chérie,
Il compte, il n'en a point perdu

Le métal reçu dans la terre
Remplit la forme exactement :
Mais quelque bien que l'on espère,
Est-on sûr de l'événement ?
Peut-être alors que l'on se flatte
De tout le succès désiré,
Que le moule en morceaux éclate,
Que le malheur est assuré !

Au sein ténébreux de la terre
Nous confions les œuvres de nos mains :
Le laboureur aussi la rend dépositaire
Du grain fécond qui nourrit les humains.
Un dépôt bien plus cher, arrosé de nos larmes,
Se place au fond d'un noir cercueil.
Mais il en sortira, plein de gloire et de charmes,
Pour prospérer aux lieux où finira tout deuil.

Du haut du dôme,
La cloche fait ouïr de profonds tintemens ;
C'est pour marquer les mouvemens
Du dernier voyage que l'homme
Fait sur la terre des vivans.

Hélas, c'est une épouse, une mère chérie,
Que l'affreux souverain des morts
Entraîne sur les sombres bords ;
A son époux elle est ravie ;
Et ces tendres enfans qu'avec tant de plaisir,
Autour d'elle elle eût vus grandir,
Ne verront plus que des jours sombres,
Leur mère est au pays des ombres.
Les nœuds dont son amour les tenoit entourés,
Ces nœuds chéris sont déchirés.
Adieu la paix, les jeux et la gaité folâtre,

Et les douces leçons, et les vigilans soins,
Car, sans amour, une marâtre
Gouvernera les tristes orphelins.

La cloche n'est pas refroidie,
Attendez, et de vos travaux
Reposez-vous, car c'est férie,
Comme au bocage les oiseaux.
Sitôt que la retraite sonne,
Que l'étoile du soir paroît,
Au repos l'ouvrier s'adonne,
Le maître seul point n'en connoît.

Voyez-vous ce piéton, qu'un pénible voyage
A conduit loin d'un tranquille séjour,
Du sein d'une forêt sauvage,
Comme à grands pas il hâte son retour
Vers sa demeure humble et chérie!

La bêlante brebis revient de la prairie,
Le bœuf au front large et luisant,
Rentre en mugissant
Dans son étable accoutumée,
Et le lourd chariot chancelle en avançant
Sous sa charge de blé fortement comprimée.
Sur les épis dorés la couronne de fleurs

Brille des plus vives couleurs.
Tout le peuple joyeux des jeunes moissonneurs
Courent à la danse.
Déjà s'établit le silence
Dans la rue et la place où se tient le marché.
Le paisible habitant déjà s'est rapproché
Du foyer où le feu pétille.
La porte de la ville
Sur ses gonds a roulé.
Bientôt cessant d'être visible,
L'univers par l'ombre est voilé :
Mais le bon citoyen sur sa couche paisible,
D'aucune frayeur n'est troublé.
Il sait que l'œil de la loi veille
Sur le méchant qui jamais ne sommeille.

L'ordre est un don de la Divinité,
C'est sa vertu si bienfaisante
Qui rétablit l'égalité,
Et par l'union la cimente,
Qui, rappelant du fond des bois
Les mortels errans et sauvages,
Aux cités imposant des lois,
Règle les mœurs et les usages;
Partout aux citoyens unis
Donne l'amour de leur pays.

Combien de mains industrieuses
Se prêtent un heureux secours!
Combien de forces précieuses
Se déployant dans ce concours!
Ouvriers et chefs de maîtrise
Se complaisent dans des labeurs
Que la liberté favorise,
Et méprisent d'oisifs railleurs.
Que de biens le travail leur donne!
L'honneur au gain pour eux vient s'allier.
Respectons le Roi sur son trône,
Le bourgeois dans son atelier.

Douce paix, aimable concorde,
Sur notre ville arrêtez-vous,
Que le Ciel à nos vœux accorde
De vous voir toujours parmi nous :
Puisse-t-il ne jamais paroître
Le jour où de cruels guerriers
Viendroient dévaster et soumettre
Notre vallon et nos foyers!
Que jamais l'horizon, où d'un éclat paisible
Les rayons du soleil doucement répétés
S'offrent à nos yeux enchantés,
Ne se peigne des feux de l'incendie horrible
Des villages et des cités!

Brisons ce bâtiment fragile;
Le but est rempli désormais
D'un œil satisfait et tranquille,
Nous allons jouir du succès.
Employez du marteau la force,
Frappez, brisez de toutes parts:
Que sortant comme d'une écorce,
La cloche brille à nos regards.

De l'habile ouvrier la main savante et sage
Vient enlever la forme alors qu'il en est temps;
Mais gardez que lui seul se frayant un passage,
Le métal enflammé ne coule en s'échappant,
Qu'avec un bruit semblable au fracas du tonnerre,
Renversant la prison qui l'avoit enfermé,
Il n'entraîne avec lui le malheur sur la terre;
C'est un foudre d'enfer, tout en est consumé,
Comme la force brute, aveugle, inévitable,
Dans son élan rapide et formidable,
Ne peut que renverser, briser, anéantir,
Sans jamais fonder ni bâtir.
Par sa seule force affranchie,
La populace aussi ne produit qu'anarchie.
Malheur aux sages citoyens,
Quand au sein des cités s'allume l'étincelle,
Qu'une masse immense et rebelle

A son tour aux tyrans cruelle,
Se fait justice par ses mains !
Cloche, quel est alors ton déplorable usage?
Tes sons invitent au carnage,
C'est la sédition qui t'ébranle en hurlant,
Et se suspendant à la corde
En un instrument de discorde,
A changé de la paix l'innocent instrument :
De toutes parts un seul cri se répète,
La liberté, l'égalité !
Le citoyen paisible alors craint la tempête,
Et s'arme pour sa sûreté.
Déjà la cité s'est remplie
De hordes de vils malfaiteurs
Ajoutant l'atroce ironie
A leurs plus sanglantes fureurs;
Des femmes comme les panthères,
Du sein d'un ennemi mourant,
Arrachent un cœur palpitant.
Tous les nœuds sont rompus; plus d'amis, plus de frères.
Plus de respect, plus de loi, plus de frein,
Le mal partout prend la place du bien.
Du lion gardons-nous d'exciter la colère :
Craignons du tigre aussi la redoutable dent;
Mais le pire ennemi que l'homme ait sur la terre.
C'est l'homme en son délire ardent:

Malheur à qui remet le flambeau des lumières,
Ce don céleste, aux mains de l'aveugle insensé;
Il ne l'éclaire point, mais par lui renversé
Sur les champs, les forêts et les villes entières,
Il *épanche ses feux*; tout en est allumé,
En cendres tout est consumé.

De sa bonté Dieu donne un gage.
Voyez comme en étoile d'or
Le ceintre brillant se dégage
Du moule qui le cache encor;
Des *écussons*, des armoiries,
L'exact et délicat dessin,
Les contours et les broderies
Font du maître admirer la main.

Formons les rangs, qu'à ma voix tout s'approche,
Maître, ouvriers, venez, et baptisons la cloche.
Son nom sera *Concorde*, il est d'augure heureux:
Puissent toujours ses sons répondant à nos vœux
Ne rassembler que cœurs unis et vertueux.

Voici pour quel but on l'a faite,
Voici son sort et sa vocation,
Que sur la tour s'élevant jusqu'au faîte,
Et qu'habitant la haute région,

Elevée au-dessus des choses de la terre
Où dans les airs se forme le tonnerre
Se rapprochant des astres lumineux,
Sa voix se joigne à celle de ces feux
Qui du Dieu fort nous racontent la gloire,
Sur qui des ans se dirige le cours.
Que sa bouche d'airain nous annonce toujours
De sublimes objets et dignes de mémoire,
Que par l'aile du temps,
À chaque heure écoulée,
La cloche résonne ébranlée,
Et, l'organe du sort, lui prête ses accens;
Quoique sans âme et sans intelligence,
C'est toutefois sa voix qui nous instruit
Des changemens que le temps nous dispense,
Elle nous parle, elle enseigne avec fruit.
Ses graves sons mourant dans le silence,
En peu d'instans ne nous disent-ils pas :
Tout n'est que bruit et fumée ici bas?

Et maintenant l'ayant tirée
De ce fossé, nous la plaçons
Au sein de la plaine éthérée,
Ce vaste domaine des sons.
Hâtons-nous donc de la suspendre;

Aux premiers sons qu'elle rendra
La joie au loin va se répandre,
C'est la paix qu'elle annoncera.

LE COMTE DE HABSBOURG.

Entouré de l'éclat d'une auguste couronne,
Rodolphe, nouvel empereur,
Etoit assis au jour qui le mit sur le trône
Au banquet fait en son honneur.
Dans un ancien palais, au sein d'Aix-la-Chapelle,
Les plats étoient portés par le grand palatin,
L'électeur de Bohême égayoit le festin
En faisant circuler le doux jus de la treille.
Tous les sept ils servoient leur maître glorieux :
Tels autour du soleil sont les astres des cieux.

Et la foule joyeuse incessamment se presse,
Dans les cours et sous les balcons,
Et l'on entend les cris et les chants d'allégresse
Se mêler au bruit des clairons.
Après les longs tourmens d'une cruelle guerre
L'interrègne est fini, ce règne de malheur,
Où le glaive frappoit en aveugle oppresseur,
Un équitable juge est placé sur la terre.

Le foible ne craint plus le fort, et désormais
Tout se dispose au gré des amis de la paix.

L'empereur prend la coupe, et sur toute la table
Jetant des regards satisfaits :
Cette fête, dit-il, est brillante, agréable,
Et répond à tous mes souhaits.
Il n'y manque plus rien pour combler l'allégresse
Qu'un de ces troubadours dont les douces chansons
Mêlent à nos plaisirs de sublimes leçons;
Mon cœur en fut charmé dès ma tendres jeunesse.
Si simple chevalier j'en ai fait mon bonheur,
Est-il juste aujourd'hui d'en priver l'empereur ?

Lors dans la vaste salle à grands frais décorée,
Un chanteur s'avance à pas lents,
Il porte longue robe, et sa tête est parée
De cheveux blanchis par les ans.
« Le luth renferme en soi la plus douce harmonie,
Dit-il; du tendre amour nous chantons les faveurs,
Tout ce qui plait aux sens, ce qui ravit les cœurs,
Et les grandeurs du trône et les dons du génie.
Parlez, seigneur, quel chant sera digne en ce jour
De plaire à l'empereur en sa brillante cour ? »

L'empereur lui répond avec un doux sourire :

« Ici je ne fais point la loi,
Je ne donne point d'ordre aux enfans de la lyre;
Leur maître est plus puissant que moi;
Car semblables aux vents d'origine inconnue,
Aux torrens dont la source est cachée à nos yeux,
Les trésors de l'esprit, profonds, mystérieux,
Inspirant le poëte en sa verve ingénue,
Et soutenant sa voix, lui prêtent ces accens,
Qui vont au fond des cœurs chercher les sentimens. »

Le troubadour alors d'un jeu ferme et rapide
Parcourt la lyre, y joint sa voix :
» Un noble chevalier suivoit le daim timide
» A travers l'épaisseur des bois;
» L'arc et les javelots, le carquois, l'arbalète,
» Après lui sont portés par son jeune écuyer,
» Et lui-même il montoit un superbe coursier.
» Tout à coup il entend le son d'une clochette;
» Un prêtre accompagné d'un seul enfant de chœur
» S'avançoit en portant le corps de son Sauveur.

» Le comte à cet aspect descend, fait mieux encore,
» Il se prosterne à deux genoux;
» Comme un chrétien sincère humblement il adore
» Le Dieu qui nous a sauvés tous.
» Un ruisseau débordé fuyoit dans la prairie,

» Ce n'étoit plus ruisseau ; l'orage tout récent
» En grossissant ses eaux l'avoit rendu torrent.
» Le prêtre à cet aspect ne recule et ne crie ;
» Déposant un instant son précieux fardeau,
» En hâte il se déchausse et veut traverser l'eau.

» Le comte tout surpris dit : quelle tentative!
» Vous allez braver le torrent ?
» Seigneur, dit le curé, j'allois sur l'autre rive
» Pour me rendre aux vœux d'un mourant ;
» J'ai trouvé le ruisseau débordé dans la plaine,
» Le pont tout couvert d'eau ne se peut traverser,
» Mais je n'en suis pas moins résolu de passer.
» Faut-il donc du salut priver cette âme en peine?
» Je vais plutôt franchir le torrent à pieds nus,
» Et regagner ainsi tous les instans perdus. »

« Non pas, dit le seigneur, mais prenez ma monture;
» Courez par le plus court chemin,
» Et portez au mourant la céleste pâture. »
» Il lui remet la bride en main,
» De l'écuyer pour lui prend le cheval agile
» Et retourne à la chasse au gré de son plaisir.
» Le prêtre va remplir sa tâche et son désir,
» Et prompt à s'acquitter d'un devoir plus facile
» Dès le matin suivant, paroît en ramenant

» Le beau cheval qu'en laisse il tient modestement.

» Vraiment ne plaise à Dieu, s'est écrié le comte,
» En toute humilité de cœur,
» Que pour chasse ou combat ce cheval je ne monte
» Puisqu'il a porté mon Sauveur.
» Si vous le refusez pour votre propre usage,
» A l'église du moins il sera destiné.
» N'est-ce pas à mon Dieu qu'hier je l'ai donné,
» A celui dont je tiens par droit de vasselage
» Tous mes biens temporels et jusques à l'honneur,
» Et la vie et le sang qui fait battre mon cœur?

» Oh! puisse le Très-haut que ma foiblesse implore,
» Dit alors le prêtre inspiré,
» Ici bas comme au ciel vous prouver qu'il honore
» Tous ceux qui l'auront honoré!
» L'Helvétie à bon droit vous aime et vous révère
» Comme un franc chevalier, comme un puissant seigneur
» Mais combien l'avenir vous réserve d'honneur!
» De six jeunes beautés vous êtes l'heureux père;
» Vous les verrez s'unir à six princes fameux,
» Et jusqu'aux derniers temps brilleront vos neveux. »

L'empereur, attentif et la tête baissée,
Du conteur entend le récit,

Et sur les derniers mots arrêtant sa pensée,
Le regarde alors qu'il finit.
Les traits du troubadour éveillent sa mémoire,
C'est le curé... Soudain, sentant ses pleurs couler,
Sous son manteau de pourpre il veut les dérober.
Les convives émus ont compris son histoire,
Comment Dieu l'a conduit par des chemins secrets,
Et de la Providence adorent les décrets.

A UN ENFANT.

Joue, innocent enfant, sur le sein de ta mère,
Asile où n'atteint point le chagrin ni l'effroi,
Où les bras maternels forment une barrière
Entre l'abîme et toi.

Tu souris au torrent profond et redoutable,
Au torrent de la vie à tes pieds s'écoulant.
Nature et liberté, quoi de plus désirable?
Joue, innocent enfant.

Le vague sentiment de ta force naissante
Est bien doux; il te reste un jour pour en jouir,
Et bientôt le travail, le devoir qui tourmente
Te viendront asservir.

FIN.

TABLE.

FIN DE LA TABLE.

SE TROUVE AUSSI

A PARIS, chez N. PICHARD, Libraire, quai de Conti, n° 5;

PAPINOT, Libraire, rue du Coq, n° 1, en face du Louvre.

A GENEVE, chez PASCHOUD, Libraire.

A LAUSANNE, chez FISCHER, Libraire.

www.ingramcontent.com/pod-product-compliance
Lightning Source LLC
Chambersburg PA
CBHW051738090426
42738CB00010B/2319

* 9 7 8 2 0 1 2 1 9 9 3 7 8 *